AF619316

CANUS NIGER

Remco Sikkel

Voor:

Ysalda, Juda, Lelia, Amabilia, Eufemia, Helena, Ianna, Sara, Sancta, Neta, Luta, Ava, Hub, Renaud, Lee, Iele, Belle, Esabelle, Pole, Izole, Jane, Lene, Alene, Loene, Peroenne, Eppe, Alise, Stesse, Bate, Griete, Lote, Agniette, Annette, Maeye, Danneel, Amel, Ghisel, Biertoul, Adam, Tram, Sebastiaan, Geerman, Itgen, Arien, Coelken, Lein, Leenkin, Ruffelin, Hellin, Anin, Turin, Lion, Abslon, Per, Faes, Laes, Thonis, Sois, Biettris, Gijs, Nijs, Filips, Daniaus, Aket, Yseret, Gijsbrecht, Amant, Robbaert, Jaquemaert, Sanderaert, Balloey en Hawy.

ERE ZIJ GUUS VAN NIFTERIK ZONDER WIE SJEKJES NIET OM HUN AS WERDEN GEDRAAID, GRTLE NIET AAN 'DE EIGENAAR' HAD GELEGEN EN AGETHE ANDERS WAS GEDICHT.

GUURTE

"Mi ŏch es belemmet
Den hemel es ledic
Mi herte es buugsaam
Mi siele es ledic
Clingend, mi dromen"

Guurte verwekte Add en Se, Eno en Meth, Ken, Mæl, Jed en Hench, Ŀamch, Noch, Sam en Chem, Nafeth en Okkegijs.

Add verwekte Cornelis Wilhelmus Nicolaas [Ome Cor], Se verwekte Antje Johanna, Eno verwekte Redmar, Meth verwekte Johanna Theresia, Ken verwekte Tietje, Mæl verwekte Judas de Bierkaai, Jed verwekte Huijbertus Gerardus, Hench verwekte Pyteke, Ŀamch verwekte Frederika Emma, Noch verwekte Eimert, Sam verwekte Alida Pieternella Hendrika [Aaltje-Henke], Chem verwekte Nicolaas Theodorus Pieternel [Blinde Niek], Nafeth stierf voor hij aan verwekken toe was gekomen. Kreeg Okkegijs Manuel?

Ome Cor verwekte Mechmet Ibn Moulay bij Antje Johanna, Redmar verwekte Trui bij Johanna Theresia, Judas de Bierkaai verwekte Younes Muhammed bij Tietje, Huijbertus Gerardus schopte Pyteke met Lijntje Regina Aloisia, Eimert verwekte Randolph bij Frederika Emma, Blinde Niek verwekte Agenitha Wilhelmina bij Aaltje-Henke. Béla bleek wat in Manuel verwekt was geworden.

Laächa was de dochter van Mechmet Ibn Moulay en Trui.
Het gehele zielental was één. Lijntje Regina Aloisia nam zich Younes Muhammed tot man en Bramberth was de vrucht van haar schoot. De bloedschuld was ook op Agenitha Wilhelmina en Randolph. Hun kind noemde zij Mechtilda.
Béla werd Dmitri.

Laächa hield aan met Bramberth, wat resulteerde in Ofh.
Dmitri verwekte Enh bij Mechtilda.

De maagd Ofh werd zwanger van Enhs zaad.
Zij baarde Cathalina Cathalina.

Over Guurte, de vader van [onder anderen] de vaders van de grootouders van Cathalina Cathalina's grootmoeders, gaat het vanaf hier.

Cathalina Cathalina
2020-

Ofh
?-

Enh
?-

Bramberth
?-

Laächa
?-

Dmitri
?-

Mechtilda
?-

Younes Muhammed
1959-2001

Lijntje Regina Aloisia
1936-1994

Mechmet Ibn Moulay
1918-1986

Trui
1960-1980

Béla
?-?

Randolph
?-1990

Agenitha Wilhelmina
1936-

Judas de Bierkaai
1902-?

Tietje
1902-1966

Huijbertus Gerardus
1902-2000

Pyteke
1902-1940

Cornelis Wilhelmus Nicolaas
1902-1918

Antje Johanna
1902-1970

Redmar
1902-1962

Johanna Theresia
1902-1974

Manuel
?-?

Eimert
1904-?

Frederika Emma
1902-?

Nicolaas Theodorus Pieternel
?-?

Alida Pieternella Hendrika
1906-1974

Mæl
1886-1902

Ken
1886-1902

Jed
1886-1902

Hench
1886-1902

Add
1886-1902

Se
1886-1902

Eno
1886-1902

Meth
1886-1902

Okkegijs
1886-

Noch
1886-1902

Lamch
1886-1902

Chem
1886-1902

Sam
1886-1902

Guurte
1859-1963

Guurte
1859-1963

Guurte
1859-1963

Guurte
1859-1963

Guurte
1859-1963

Guurte
1859-1963

Guurte
1859-1963

Guurte
1859-1963

Guurte
1859-1963

Guurte
1859-1963

Guurte
1859-1963

Guurte
1859-1963

Guurte
1859-1963

VOORSCHRIFT

[Een redelijke hoeveelheid stamwoorden
in een soms bijna vaste relatie tot woordcentra
van volstrekt gelijk gewicht]

§ I of: *Hij draagt een onberispelijk kraagje*
in zijn lievelingskleur, bijvoorbeeld grijsbeige.
Helaas kleurt dat allerbelabberdst bij zijn ogen.
Het vel op het vlees van zijn gezicht vertoont tekenen.
Hij zwijgt stilletjes voor zich uit: "Teneergeslagen".
"Wat een rust, Guurte kerel, wat een zegen en wat heb jij
een oude kop gekregen".

Langs kalkgraslanden, over kapvlakten, via steenkoolterrils en ruigtekruidenvegetaties, laat hij zich zien aankomen.

Hij grijst al wat om hem heen zwermt af. Met zijn hoofd diep geklonken tussen zijn scherpe schouders en vol verwondering gaat hij. Het ontgaat hem niet dat de jaren varen. Hij drijft zijn beest voor zich uit. Elk uur keert hij zich en kijkt vol vertedering op wat achter hem licht. Hij voelt zich wijzer en weter.

Vorst op zijn ogen doet Guurte besluiten te luisteren.
De gang van zijn molen verraadt moeilijke tijden.
Het graan wordt te duur, de schoren gaan wijken, de melk is zuur.
Guurte weet van geen lijden, drinkt een kom zog en voert zijn kippen niet meer. Zijn beest staat naast hem en denkt.

Vroeger was koud. Nu is het koud.

Het is dan zo ver: de zon is onder: de nacht wil niet vallen.

Vroeger was licht.
Straks is het donker?
Nog is het koud.

Guurte grijnst dat het pijn doet. Een kom bonen op sap, in de vuist geklemd, steunt hem. Een schitterende straal fluim en een zoetsteen laten de baard van zijn bijl zingen. De vorst treedt in.

Nu, drie weken later, vriest het nog altijd.
Vier onder dertig graden onder vorst.
Wilde de godver maar gloeien, maar de godver is wijzer en ijzelt,
aarzelt; daalt nog een graad. Guurte grapt dat het leuk wordt.
Een kom bonen op ijs, in de vuist gevroren, staat hem.

Daar komt een schaatsenrijder aan. Het is een bewonderaar van Guurte. Ik leg mijn schaatsen af en neem plaats op het bankje tegenover Guurte. Ter aangehaalde plaatse sabbelen wij klonten koffie en bespreken niet het schaatsen rijden op zich, noch in principe, noch in feite.

Guurte vraagt mij nog een zeil voor te leggen.
De molen trekt aan. Dan verzinken wij in gepeins.
Gut, dat staat ons zeker niet mis.

Guurte vangt zijn molen, spant zijn beest voor de sleê.
Wij gaan naar het dorp. Daar hebben wij niets te zoeken.
Dat belooft dus een rustige namiddag te worden.

In het dorp lopen wij elkaar tegen het lijf.
We besluiten dat een toevalligheid niet onbeloond mag blijven
en zetten het op zuipen. In diep geheim sluit de herberg.
De Waard schuift aan.

Hij vertelt ons legenden van nacht en verlangen, ontij en honden,
trouweloos haten. Hij strooit zout in de wonden.

De rekening delen wij drieën.
Wij smeden een plan ter voorkoming van morgen.

Maar, als elke tijd, ging ook deze nacht voorbij.
Hervonden beheersing. Na het duister begon het als vanouds
te gloren en Guurte las het gedicht dat wij in de nacht, in de zool
van zijn laars hadden gekerfd:

Broeierig tochtnest,
wat doe je mij aandoen?
Tegen kou en geweten, als had ik geleerd.
Voor de lage lasten dezer landen,
met gewende spieren en een norse kop.

Door het her halen van kennis.
Vroeger was koud.
Nu is het koud.

§ II of: *Spelevaren in de bloedbaan*

De winterwind wrijft de veldmuren droog en zaagt een lied
van verre neven, een ander leven, een stek hier ver van her.

Met dat hij gaat liggen staat Guurte op en probeert zich de melodie
eigen te maken.
Hij is een belabberd zanger.
Hij kan prachtig lachen, slapen dat je er moe van wordt en de kou
doet hem weinig, maar zingen is niet van hem.

Guurte kent de ritmes; van zijn molen, zijn gang; de dagen, getijden.
Hij slaat mee met de ruimende wind.
Guurte voelt de maat van zijn denken, de puls van zijn bloed;
waarheen het vloeit, maar niet waartoe.

Met deze vraag wendde hij zich tot al om hem heen.
Och, wie kan hem kwalijk nemen dat hij zijn tijd nodig had
om te ontdekken dat graan groeit, dan tot meel vermalen zijn weg
naar broer bakker vindt en waar al niet verder als brood, banket
of hondenvoer?

Na toen Guurte zag dat zijn groot en stevig hart als de molen is,
begreep hij waar hij malen moet. Guurte had nu andere dingen aan
zijn hoofd. Vergenoegd zag hij zijn inkomsten stijgen, zijn zorgen
verdwijnen, het zweet op zijn handen en zijn kippen weer voer.

Tekeergaand weerstond hij de bekoring zijn molen te laten en zich
te storten in dat andere leven. Welke mulder zou dat goedgedocht
hebben? Hij bleef dus trouw aan zijn maalhuis, of dit nu voedzame
granen maalde of het levengevend bloed de rondte in pompte.
Er werd op hem gerekend. De hongerige organen.

Grauwe Guurte predikt voort, gang en ijver.
Hij is een waardevol mens.
Ik wens hem de vrede.

Guurte gaat voor in gebed. Zijn graan is wierook, zijn amen de vang.
Een wonde: de zonde: een smet in het meel dat zijn weg naar broer
bakker vindt en altijd weer verder als brood, banket of hondenvoer.

Ons groot sterk hart is een molen.
De boezems en kamers zijn loper en legger.
Voelt dat wij mulders zijn.
Laat niet af.
Sterf nog liever.
De kou zal je helpen dit hart op te stoken.
Want geuzen en mulders, fier op uw kunnen,
op u rust de zegen, de kracht, het verlangen,
morgen te leven door brood op de plank.
Wakkere maten, boerenverstand,
winterse dagen in een nederig land.
De kou wil je helpen het brandhout te splijten.
De winter vergaat en Guurte moet schijten.

Vroeger was jammer, wat wij willen koesteren.
Vroeger was vroeger voor nu in de tijd.
Vroeger was vroeger het nu van verleden.
Vroeger lijkt vroeger, wat niemand begrijpt.

Dit is een lied van verre neven, een ander leven,
een stek hier ver van her.

En Guurte weet van geen wijken.

§ III   of: *De eenzaat is veroorzaakt { Guurte's geboortes }*

Rede-, tijd- en radelozen,
    machte- en wezenlozen,
    wezensvreemden,
    met zwarte krip omgevenen weten:
De alvernieler is voldaan.

Grauw sluit de hemel water uit.
De ademtochten vochtig.
Een enkeling zucht en plengt.
De ondeelbaren rond de grafkuil weten:
De alvernieler is aanwezig en schift,
    zift, dus scheidt de saâmgeklonterden.

Rede-, tijd- en radelozen,
    machte- en wezenlozen,
    wezensvreemden,
    met zwarte krip omgevenen, weet:

De eenzaat die wij hier in aarde hullen sleet de zielen niet,
    roerde geen harten,
    liet u koud.

De schelle klonk.
U voelde zich geroepen te rouwen.
Wat in u heeft gezeteld is verrot, verlopen en ligt voor u in de groef.
Dat dreef u, volk, tot zamelen.

Wij zijn verbonden.
Wij zijn gezworen.
Zaalgenoten.
Geschonden, verloren, bekommerd, mismoedig
    staan wij aan de laatste gang van eerstgeborene,
    eerstverlorene,
    uitverkorene.
Ons gemoed als mangelgoed.
Manlui zonder kern.

Dan sluit de dag een wezen uit.
De ademvochten koortsig.
Een enkeling zucht en sterft.

De ontroostbaren rond de grafkuil weten:
De alvernieler wrijft zich de kneukels.
Nutte-, tijd- en waardelozen,
    machte- ofwel uitzichtlozen,
    levensvreemden,
    met zwarte zorg omgevenen, weet:
De befman kiest zijn woorden en beliegt u,
    doorplengt de eerde en wiegt u.
De lichte garf is dan uw dood,
    de zware garf uw leven.

Wij zwijgen.
Wij innen wat ons goeddunkt.
Wij zijgen en pissen in de kuil.
Wij zijn niet troostbaar.

Wij zijn fier.
Wij zijn het vuil.
Zonder rede, tijd en raad,
    maar met zicht op sterven,
    zijn wij verbonden, geboren kameraden.
Geschonden, verloren, bekommerd, lankmoedig.
Elkanders erven.
Bepalingen.

Dan stokken de adems.
Het bloed verdikt.
Elke man kermt en stikt.
De doden rond de grafkuil weten:
Niets.

De befman spuwt woorden.
Hij vergaat.
Broksgewijs verstrijken hun lijven.
Hun longen leeg, de pezen slap.
De huid verdort en bladdert.
Hun woorden blijven.
Uit dit rottend goed stapt een blinde.
De eenzaat is veroorzaakt.

Als het hart mij sterft, zal hopen blijken.
Gezien, noch voorzien is mijn kracht.
Ik ging tot dit volk.
Het week.
Het sleet, keerde en omringde mij.
Ik bezweek.
Het droeg mij, woog mij, verwerkte en wekte mij.

Wanklank. Verzwegen.
Toch galmt er mijn stemme u tegen.

De hemel trilt.
Uw woordloos sermoen verveelt ons.
Eeuwig kostbare eenzaat.

Schraapt nu het vlees van uw laarzen.
Snijdt de vacht van uw wangen.
Reinigt uw aarzen, vaarzen en graast.

Besta volk.
Hersen-, harte-, schaamtelozen,
    waarde oeverlozen,
    vreemden,
    met eigenwaan omgevenen, weet:
Ik waak als u slaapt.

Wakend zwel ik en was uit.
In vodderij gestoken en heel te male genegen u wijsheid te verleien,
    schijn ik niet te zijn.

U bent als een kwade wind.
Uw zinloze rede verveelt ons.
U, levensdurig hysterisch eenvuldige.
De hemel gruwt.

Uw oog is belemmerd.
De hemel is leeg.
Uw hart is leeg.
Uw ziel afwezig.
Waan is de zin van uw leven.

Lijkroof was uw baring.
Ons rouwbeklag uw welkomstlied.
De vaalbleke hemel boven uw blinde gelaat.
U kent ons niet.
Lijftochtenaar van onze zwakke kanten.

Van toen af wist ik enkel in verten,
benevelde dieren met een zeker uiterlijk.
Een kring waar ik geen geiling aan had.
Het halfsleets touw heb ik gekapt.
Verloren, niet langer gebonden.

Nutte-, wezen- en nodelozen,
    zin- en waardelozen,
    wezenshaters,
    met overvloed omgevenen weten:
De eenzaat is gelost.

Wij sluiten lichaamsvreemden uit.
Een enkeling zucht en plengt.

Zijn oog is leeg.
De hemel is leeg.
Zijn hart is helder.
Zijn ziel afkerig.

Hij stelpt het bloeden niet,
    roert geen harten,
    laat u koud.

Grijs sluit de hemel water uit.
De schelle klinkt.

§ IV of: *Schipbraak*

Guurte ruikt aan het wrakhout in de tussenruimte van zijn vingers.
Het bevalt hem niet.
Het ~hout wel, maar het wrak~ niet.
Zo wordt het niet naar het nat gaan.
Dat is het althans op zeker niet geblazen.
De verbanden ontbreken en geeneens één durft hierin een boot
te onderscheiden.

"Laat rusten", zal geweest zijn wat Guurte destijds gedacht zou hebben willen kunnen. Hij zegt luid: "Laat een ander hier maar in herkennen".

Eén woord meer schreeuwen, Guurte.
Krijt er een woord bij, dan zijn het er buitendien acht.

Guurte, als voortdurend spaarzaam, fluistert: “Buiten welke dien”?
Dit lijkt mij heel doordacht: je keuze te fluisteren; niet je vraag.
Die had ik niet te horen hoeven krijgen.

Er is veel tijd onderuit gegaan.
Overvloedige ruimte gedempt,
    frappant weinig waarlijke genieën verschenen.
Mensen spoedden zich van plaats naar plek,
    van stek naar punt.
Onder hen: jij.
Langsheen het mens dat wachten kan.

Ik heb mij vermaakt en sta op.
Een taxi [1.)] houdt ons - te begrijpen - aan.
Jij accepteert de sleutels en maakt contact.
De meter loopt, zodra de wagen rijdt.

[1.)] Zie 'Notenschrift' op pagina 105

“Abusievelijk hoor”, schatert de oorspronkelijke
- zij het niet de eerste - eigenaar van onze automobiel.
&: “Laat mij maar even”.
Er pal bovenop.

Op de krijtwitte streep van de doorgaande weg ligt later een
taximeter. Intact, met lichte cascoschade, maar evenwel
niet langer centjes koppelend aan tijdjes.
Voornoemde oorspronkelijke vraagt jou het één noch ander.

Ik ben druk doende dit op en neer te schrijven en ook jij houdt
je bekje toe. Beluisterend het aangenaam ronken en snorren
van de onze wagen voortstuwende, zorgenvrije, enkelcilinder
petroliemotor luiken één voor één onze zes ogen.
De ademhaling vertraagt.
Het stuurwiel krijgt de vrije hand.

De ziekenbroeder dient wat min of meer chemische verdunningen
toe aan mijn bloed. Hij gordt jouw verbanden aan.
D'Oorspronkelijke wankelt verbaasd neuriënd op steê aan.
"Waarlijk een meest zonderbaar geluk bij een ongeluk",
schijnt wat hij gedacht zou kunnen hebben gehad.
Hij pikt zijn meter op.

Zo,
    de toeter bóven mij luid sprekend,
    spoed ik mij.

[Niet langer verveeld door de windrichting,
    want al zwenkend en rotonderend,
    onnophoudelijk gradueel afwijkend, maar toch.]

Duidelijk: noord-noord-oost: gasthuiswaarts.

Wij worden geleverd aan twee vakbekwame gynæcologen.
Niets kunnen zij evenwel met ons aan.
Wij worden ontheven van medisch vervolg.
Wel raden zij ons aan de menstruatie in de gaten te houden.
Dit beloven wij schielijk en reppen ons molenwaarts.

Afgekalefaterd, maar te spreken over het karakter van ons treffen, van elkaar, lijkt het als blijken wij ons geen spaan te vertellen te hebben. Gelukkig weet Guurte nog uit te pakken met zijn visie op om het even wat:

"Ik denk niet dat men erbij gebaat is
een door de bank genomen ongenaakbaar domein
van het nut dat men bespeuren kan
bij het prepareren of verwoesten
van uiteenlopende variaties
op reeds uitgekauwde mondkost
te ontsluiten door middel van toekenning
van gelede trefwoorden
die een andere orde volgen dan die,
welke men in eerste in stantie geneigd is te associëren
met een kinderlijk enkelvoudige werkwijze
van een zo onpeilbaar en raadselachtig fenomeen
als kennis in een tijdvak als het onze,
terwijl er in de wereld vele honderden miljoenen onwetende
wezens rondlopen die niets liever zouden doen,
dan met betrekking tot een overeenkomstig vraagstuk
eens lekker de handen uit de mouwen te steken".

Dit is een van de schaarse gevallen waarin ik een heftige
afkeer voel. Van domeinen, variaties, fenomenen en wezens.
Van wetende wezens in het algemeen.
Van Guurte in het bijzonder.
Van mijzelf bovenal.

Ik had vroeger moeten ingrijpen.
Bij het 'Ongenaakbaar domein'.
"Hela hola", had ik mij moeten laten horen,
"ongenaakbaar, ongenaakbaar?
Loop jij niet al te hard van stapel?
'Hovaardig'.
'Eigenwaanzinnig'.
Zelfs 'fier' ware wellicht beter bij het naamwoord
geschaard geweest geworden.
'Ongenaakbaar' lijkt mij onderuit de zak;
overijld geoordeeld.
Wil scherper formuleren.
Daar zijn wij beiden bij gebaat".

Op 'reeds uitgekauwde mondkost' had ik kunnen ingaan.
"Sapperloot, jij rinse smeerpijp.
Was wat jij daar durft uit te spreken al in de maag gelegen geweest:
'kots' zou het woord zijn geworden.

Nu het voer op plompe wijze beledigd wordt
en te laag geacht voor vertering,
ver uitgespuwd rotten mag,
is zelfs dit taalgebied niet zo rijp
jou één enkel woord te kunnen bieden”.

Ik had mij daarentegen de oren gesnoerd.
Het bewust zijn was mij wéér ontgaan.

§ V of: *J.'s Huis { is Kris thuis? }*

Guurte perst mij koffie in de muil.
Daar wordt ik waker van.
Wij vangen aan eens welgemeend te vloeken.
Ook een ketter dient soms in gebed te verzinken.

(...)

De pracht van fouten.
Dat duchtte ik al.
Het werd beëcht.
Ultiem.

He!
De opzon.
Moet je kijken.
Ik ga eens kijken.

§ VI   of: *Stramme vliezen*

Guurte draagt iets onder het hart.
Daar heeft hij het naar gemaakt.

In het licht van termen van ontsluiting zijn de woorden,
  na volgende woorden, danwel niet ernstig,
  maar toch zinvol misplaatst:
"Het spuit de loopgaten uit".

Onbezwaard soepel werpt Guurte een nestje.
Veertien maal laaglander welvaren en veertien nageboortes.

Ik mag zeggen:
"Het gemak waarmee ik voorheen aanwipte bij Guurte is weg".
Dat komt: één Guurte maakt nog geen winter, maar één Guurte
en veertien zeptoguurten ...
De hemel beware.

Nu is er in heel Zuurland geen man die zo om zijn schoonheid wordt geprezen als Guurte. Van eelt tot fontanel is er niets wat hem ontsiert. Met uitzondering dan van zijn gezicht.

Als zijn schedel met een vlijmvormig metaaltje wordt geschoren,
laat hij de overtollige en tot verwijdering gemaande beharing,
obsessief als hij is, wegen.
Dan meet je wijds tweehonderd sikkels.
Je moet toch wat, immers.
Nu begeeft Guurte zich tussen hemel en aarde,
buiten de gewenste orde.
Want zelfs de meest onkundige molenhater zal moeten beamen:
de heklatten smachten naar beits.

Vel over been lazert die gozer uit het gevlucht.
Ik sta naast hem en denk:
"Vroeger was koud. Nu is het mis.
Goed mis".

"We moesten maar eens een heel andere weg in slaan", is wat ik denk op te kunnen maken uit het gelispel dat uitstaanbaar onstuitbaar onder mijn dierbare vriends neus uit komt gestoten. "Ik kan wel ten eeuwigen dagen, of hoe je dat ook correct spelt, voor molenaartje blijven spelen. Opschieten doe ik er niet mee". Ik wijs de balsturige maalder op de mogelijkheid betreffende spellingsvraagstukken de geëigende werken na te slaan. "Hier zou ik niets van moeten weten", bijt hij me toe. "Dat weet je. Daarbij dwaal je af. Ik stelde voor niet langer op deze voet door te gaan. Gedaan moet het zijn met je zeikerige strofen, je buigingen, je gekruip in het stof, je longen vol zuigend, dan uit je lijf krijsend, tijdterwijle geen je horen kan. Je schijnt je zeker gebeten te hebben in andere materie. Je gekerm begint het vermoeden te wekken dat je tong er nog tussen zit".

Guurte timmert mij gedachteloos op mijn bek en vervolgt:
"Luister, ..."

Ik luister niet meer. Ik en het, we zouden volkomen idioot zijn naar iemand, mij op mijn bek timmerend, te luisteren. Het is voor straf dat ik mij doof houd. Dat ik hier door een kijkje in de kop van de tegendraadse wijzer en weter mis loop zal me pas jaren later gaan schelen.

Een straffe plons nafta, een tondeldoos en wat kwade wil zijn genoeg om van de molen een 'voorheen de molen van Guurte' te maken. Guurte laat er gras over groeien. "Dat is leuker voor de kinderen", grapt hij.

Lezer dezes zal vast meer begrip kunnen opbrengen, zodra hij weet dat twaalf van Guurte's oogappeltjes in een akelige reeks laag vliegende lichaampjes kermend het zwerk zijn in getorpedeerd door een, als een krankzinnige, krankzinnig tollende molen. Systematisch wilde de voormalig toegedane mulder zijn apparaat ontmantelen en was begonnen de vang te verwijderen. Hulpvaardig als altijd en onwetend van voorschrevene legde ik een zeiltje extra voor. De molen trok aan. Wij verzonken in verwarring.

"In een nest zo volgeladen mist men één, twee vruchtjes niet", zeiden wij nog hoopvol, alhoewel al wel een tikkeltje minder zeker van de goede afloop van de zaak, tot elkaar, toen Add en Se de lucht ruimschoots verkozen boven aardse beslommeringen. Dan kwamen echter - hoe tragisch kan het allemaal lopen - Eno en Meth, voor het laatst hun va groetend en eer biedend, voorbij, op de hielen gezeten door Ken.

"Het lijkt een beetje een klote dag te gaan worden", vatte Guurte
zijn eerste indrukken bondig samen. "Lijken, lijken?", vraagt Mæl
gepikeerd, aan de einder verdwijnend.
"Ei, daar heb je Jed", [de krampachtig vrolijke woorden
van Guurte], "dan kan Hench ook niet ver meer zijn".
Lamch, Noch, Sam en Chem bleven nog even plakken,
maar moesten eveneens van het middelpunt vlieden.

Zo kan het zijn dat u, onderwijl u uw weekeinder wandeling maakt,
Nafeth en Okkegijs ziet ravotten of bakkeleien op de molenbelt.
Hun grijze haren warrelend in de venijnig koude wind.

Dat kunnen ze hebben.
Dat zit in het ras.

§ VII of: *Atoneel*

Ik moet teleurstellen: Nafeth en Okkegijs, aangezien pa besloten heeft een eind te maken aan dat voortdurende geroep om jullie broeders. Gemerkt?

[N.: »] "Niet per direct precies als zodanig".
[O.: »] "Was dat nu werkelijk de beste oplossing"?
[G.: »] "Het was nuttig, nodig, mogelijk, wenselijk".
[L., N., S. & C.: »] "Wij zijn de mening toegedaan dat wij onredelijk vlot deze geschiedenis uitgewerkt zijn. Dat steekt".

[G.: »] "Zwijgt, vernepelingen. Hoe treurig het mij ook toeschijnt ruim veel van mijn jeugd te moeten verliezen, ik zeg: 'Zwijgt'.
Wat bezielt jullie, je rust niet bijtijds te nemen? Je hebt akelig weinig spreektijd toebedeeld gekregen. Dat sluit.
Maar om nu te tarten.
Waarom nu te tarten"?

[L., N., S. & C.: »] "Het was nuttig, nodig, mogelijk, wenselijk".
[O.: »] "Was dat nu werkelijk de beste oplossing"?
[L., N., S. & C.: »] "Niet per direct evenzeer precies als zodanig dienaangaande, tot dusverre".

Jed en Hench geven geen graf weerom, de rest der dode broeders zwijgt er als een ander.

Ergens gaat een deur open. Er worden decorstukken geplaatst.
Een likje verf en een sopje erdoorheen. De belichting wordt een beetje radicaal omgegooid. Figuranten raken hun tekst kwijt.
Het doek valt met donderend geraas naar beneden. Een aannemer wordt aansprakelijk gesteld. De regisseur glijdt in katzwijm.
De kaartverkoop loopt terug, maar de voorstelling, of meer:
de pauze, als een trein. Applaus
De koffie is niet te zuipen.

Het meisje dat de vuile kopjes ophaalt buigt verlegen.
"Te veel eer, te veel alles, maar voor alles: eer", stamelt ze.
Aarzelt ze? Zij struikelt over het een en zij struikelt over het ander.

Het loopt uit de hand.
Acteurs gaan op de vuist.
Actrices vuilbekken.
Schuttingtaal, dertienletterwoorden.

“Ik vindt het een bijzonder stuk. Klinkend wat slecht omlijst.
Een ensemble, zo ludiek. Schijtig van de spijtmuziek. Dus als u nu allemaal even doodstil wilt blijven staan. Zo stil, dat ik en mijn vader, benevens mijn halfbroer Okkegijs hier, dit tafereeltje kunnen memoriseren. We zullen ons dan fluks uit de voeten maken”.

Applaus Applaus

Gezegd

Gedaan

Gegaan

Nu in de stad vol met herfstgeluiden,
stuurt Guurte zijn wagen [2.)],
waarachtig daadkrachtig,
in gedachten verzonken, rond.

Tussen krijtwitte strepen van de afslaande weg, gaat hij.
Het ontgaat hem nu dat de jaren varen.

Links, recht zo die gaat [3.)].

Hij kijkt bedeesd voor zich uit.
Elke seconde keert hij zich en ontwijkt wat achter hem ligt.
Hij voelt zich vrijer en vreest het.

§ VIII of: *Mixtamorfose* [4.)]

Een bleekroze zonnetje staat dunnetjes, maar daarom niet minder hinderlijk, laag en schijnt vals licht door het vensterglas. Een beker sap en een prentbriefkaart staan achteloos neergesmeten, op het kastje. Nog een wonder dat de beker staat.

Daarachter, of naast [van uit onze coma gezien, als we konden zien] medische werktuigjes. Pech bij een ongeluk heeft ons naast elkaar gelegd. Samen in bed. Wij delen een infuus. Wij hebben de zelfde bloedgroep, de pijn en complicaties, de hooggespannen levensverwachting. Mijn handen hadden weg moeten sturen van de collisie, jouw voet had krachtig het gesloten remsysteem in werking moeten laten treden. Wij moeten niet zeiken, mogen niet klagen. Wij kúnnen geeneens zeiken, vaneigens niet. Daartoe heeft men onze pisbuis met plastiek moeten verlengen. Andere buizen zorgen voor lucht, voedsel, chemische verdunningen [ons lijf herkent ze] en warmte.

Door schade en schande zijn wij op sneven na dood. De eerste bloedbobbel die ons hart weer op eigen kracht veroorzaakt is even wennen, maar smaakt naar meer. Onze geklapte long plopt weer in vertrouwde vorm. Onze nieren lijken wel van steen: geen spat schaâ. Zenuwen ontknellen zo goed en adequaat als het gaat. Alleen onze hersenen houden zich nog gedeisd. Wij ook.

Weer gaat een deur open. Er worden naalden in ons vlees geschoven. Een sapje erdoorheen. De hersenactiviteit wordt een beetje radicaal omgegooid. Ik raak mijn tekst kwijt, in ruil voor mijn reukvermogen. Men noemt mij:

GUURTE

« ° 13 APRIL 1859 & † ≠ 26 JULI 1963 »

Nu opwaarderen, voorbij het schuim marcheren.
Zwachtel hier, spalk daar. Mijn linkerbek trekt als een gek.
Nog even gorgelen, een punctie van het merg.
Beslist een trepanatie.

Dan onthechten.
Dan de oogjes open.
Dan komt er een einde aan.

Een knalroze zonnetje straalt vernietigend, maar daarom niet minder hinderlijk, vast licht door mijn hoofd.
Dat weet ik te leren waarderen, want ik moet wel.

Naar mijn zin speelt deze hele historie zich veel, dus te vaak, af binnen bouwsels met medische functionaliteit. Dat mag niet, dat moet niet, dat schort niet, dat wil niet, dat werkt niet.
Dan wordt dit een doktersroman en daar houd ik niet zo van.

Dus als de wiedeweerga van zaal af, na blootstogus in de kleren geschoten, de gangen door, links en rechts broeders groetend, traps af, liftknoppen beukend, geduld, oponthoud lijdzaam ondergaand, gaandeweg op huis aan, ijlings langs portier en zo aangeschoven in welbekende taxi.

[T. ch.: »] “Beltmolen”?
“Zeker, al is het wennen”.

§ IX of: § VIII-Б

Paal in de hei gegrond moet het begin markeren.
Ik bouw een tochtvrij broeinest.

Vroeger was tweespalt [5.)].
Nu is vroeger voor straks in de tijd.
Dus nu was het vroeger het straks van verleden.
Vroeger blijft vroeger, wat ik nu pas begrijp.

§ X of: *De §-en volgen elkaar nu heel vlot op.*

Het moet raar lopen. Daarom de volgende complicatie: ik blijk een vrouw. Dit stelt voorgaande gynæcologische baarlijke nonsens in androgynæcologica. Men blijft mij hardnekkig Guurte noemen. Dat is dan wel weer geinig.

Een operatie rest: een hele vent.

Geen vrees. Geen opwinding. Geen bronchiaal secretie. Ik neem een flinke teug trychlooræthyleen met een zweem cyclopropaan en natuurlijk vuurstof. Ik blijf de anæsthesist olijk in het gezicht lachen. Intraveneuze toediening sla ik vriendelijk en beslist af. Daar dreigt men al een krappe 11 gram Bromethol in mijn, overigens nog steeds kurkdroge, darm te tappen. Ik doe dan ook snel mijn beide oogjes toe en veins te buigen voor narcose.
Ik stroom continu doorheen een buissysteem: verzadigd.
Ik vul longen. Deze accepteren mij, maar door toedoen van een complex ademhalingsspierstelsel, word ik weer naar buiten geperst.

“Daar is het expiratieventiel”, lijkt het gestel wel te willen zeggen. Daar zijn stembanden voor nodig [o.a.]. Ik vervlieg. Ergens gaat een deur open. Er worden landschapselementen geplaatst.

Dus: hop, weer rap door ventiel, long en narcosekap, de buizen in.
Terug naar rede, tijd en raad.
Van waan weer wezen worden.
Wiederbelebung [= een Duits woord].
Ook ik heb een reversibel karakter.

Schone, blanke lakens met hier een enkel smet
en zachte sappen die mij slapen deden.
Opende ik mijn ogen, zag ik maar duister.
Dat scheelde zo veel.
De wereld bleef zoals mijn zicht hem achterliet.
Vol wening, vol knersing.

Nafeth betaalt de taxibestuurder en verlaat de wagen.
Hij steekt de parkeerplaats over. De trap naar het bordes.
Deuren schuiven open. Een probleemvormige drukke hal.
Nafeth vindt een zuil. Naast de zuil wacht hij.

Na een dagdeel komt een jonge man hem een vraag stellen. Nafeth beantwoordt de vraag. De jonge man geeft uitleg over het gebruik van de zuil. De zuil heeft een 'het scherm' en dit reageert op aanraking door vingers. Nafeth vraagt zich af of het scherm (...). Hij luistert niet meer naar de uitleg. Hij luistert wel naar de navolgende vragen en reageert er op. "Guurte" antwoordt hij op de eerste, "Kristhuis" op de tweede en "104" op de laatste. De vingers van de jonge man raken het scherm van de zuil aan. Vlak daarna weet Nafeth het wetenswaardige.

Lentezonlicht straalt door het vensterglas. Nafeth knutselt een pak open en brengt sap in een beker. Hij haat dit geluid. Hij wil het pak tegen de muur smijten. Op het kastje staat een prentbriefkaart. Nafeth herkent op de achterzijde het handschrift van Godver.

Broeierig tochtnest,
wat doe je mij aandoen?
Tegen kou en geweten, als had ik geleerd.
Voor de lage lasten dezer landen,
met gewende spieren en een norse kop.

Door het her halen van kennis.
Vroeger was koud.
Nu is het koud.

Zorgvuldig plaatst Nafeth de kaart weer op het kastje. Hij stoot het pak om. Hij bedenkt dat hij het dan net zo goed had kunnen smijten. Dit is niet waar, want het pak heeft een sluitlipje.
Er is geen sap verloren gegaan.

Nafeth kijkt naar Guurte. De deken is gedeeltelijk van hem afgegleden. Guurte draagt wat eerst een pyjamajasje was.
Zijn borst is bleek. Zijn kaken zijn stijf opeen geklemd.
Zijn slagaderen worden lakrood. Zijn ingedroogde huid trekt zich terug. Zijn haar lijkt langer. Zijn organen verweken. Zijn weefsels verweken. De beenderen verbleken. Zijn haren verwaaien [*)].

Nafeth neemt de prentbriefkaart op. Hij diept een stompje potlood op uit zijn binnenzak. Onder het gedicht schrijft hij.

> *Vroeger was licht.*
> *Straks is het donker.*
> *Toch is het koud.*

Nafeth staat op. Hij verlaat het lijkenhuis.
Zijn grijze haren warrelen in de venijnig koude wind.
Dat kan hij hebben: het ras.

*) Hij zal toch niet dood zijn?

§ XI of: *Aansluitingsmodule 'Ontdek de Okkegijs in jezelf'*

Nafeth stelt een daad.
Hij hernaamt zich: Guurte.
Zo onuitroeibaart zich Guurte.

Hij start zijn taxi.
"Nu klanten, want de kost verdien ik, maar zal ik kopen moeten".
Pats! Als je over de duivel staart hem straks in het gelaat.

Ik heb mij vermaakt en sta op, leg mijn schuivels [6.)] af en neem plaats op het bankje naast Guurte. Ter zelfde plaatse branden wij verlangend en bespreken het schaatsen rijden voorzichtig.
Men valt zich er builen aan.

Guurte vraagt mijn handen weg te sturen. Gespleten brandvocht stroomt pulzig door een leiding en verzadigt. Carburateur vult een cilinder. Door toestaan kan dat, maar door toedoen van een complex ontstekingsmechaniek wordt, na enige stappen in dit proces, roet geperst. "Daar is het asfalt", zegt het.

"D'Oorspronkelijke", juich ik verheugd, "!".
"We zijn compleet", piept Guurte benauwd.
Hij diept zijn kauwgummie op uit zijn linkerlong.
D'O. heeft een naam, maar wil die liever voor zichzelf houden.
Hij heet Wolfsgerst te heten. Dat vinden wij meer een naam voor een plantje. Wij noemen hem daarom: Ğerst.

Ik open omstandig het driehoekige kanteldraaivenstertje dat vóór het gewone portiervenster te vinden is in de wat oudere wagen, zoals de DKW F11 waar wij in zitten er één is. Niet dat het nut heeft, maar ik zou liegen als ik het zou verzwijgen en andersom.

Ğerst is een man van getallen. Hij meent zes flessen cola thuis te hebben staan, alsook twee liggende pakjes tabak.
Wij eten kwaad kersen met Ğerst. Wij voelen walg voor getallen.
Maten haten wij. Voor alle maten: de enorme maten. Megalofoob.
Wij zijn mannen die van en het bij woorden houden.

Er is een woord waar wij wild van worden. Dit woord is *of.*
Het woord *of* is een sterk woord in de taal van de mensen die een taal gebruiken, waarin het woord *of* een, al dan niet uitsluitend alternerend, tegenstellend verband uitdrukt.
Helaas verlijdt de warmte voor *of* gaandelevens.
Op oude dagen zaten wij wakend omheen een potkachel.
Wie sprak verloor. Tenzij je spraaksel *of* betrof.
Zo twee spannen onderling uitwisselbaar maken, is de ziel van tijd en taal beroeren.

Of je worst lust.

§ XII of: *Theetje drinken*

"Balk op de paal geklonken, spanten stutten plaggen, vochtig vloerdoekje over het gesplinterte. Haardje gemetseld. Propje vlamt houtje door vonkje en … vuurtje! Pompje plenst plasje in keteltje. Haakje draagt oogje. Zakje bergt kruidje met smaakje [7.)]. Zoetje"?

"Een ziekte! Kun jij ook een beetje gewoon doen"?
"Ik kan het allicht proberen".
"Het zou de vreê in deze hut ten goede komen".

Het restwater uit de T-ketel gebruikt Guurte om een sopje aan te lengen. Hij scheert zijn rug. Een snijwond die gerust een jaap genoemd kan worden, behandelt hij met aluin. Dat baat niet.
"Wil jij mij even hechten"?
"Willen en kunnen is twee".
"Jawel, maar je bereidheid is ook wat waard".

Ik jaag een stopnaald met losse rijgsteek door het spek van zijn rug. Door het oog van de naald hangt een draad. Even sjorren en eindigen met een dubbele kruissteek. Guurte's rug zit weer feilloos in elkaar. Ik sta er zelf van te kijken.

"Ik sta er zelf van te kijken", zeg ik, niet zonder reden.
"Kan ik nog iets anders voor je betekenen"?
"Jazeker. Ik moet me sterk vergissen als er geen zeldzame, zeer harde, nekkige, multipele, non-folliculaire opperst vlakkige ulcera aan mijn haar grenzen [*)]. Als je daar even de korstjes af zou willen pulken en er een kwakje penicillinezalf opsmeren".
"Sorry, dat vind ik een beetje smerig. Kun je dat zelf niet"?
"Kunnen en willen is twee".

Daarna doen we wat stompoefeningen ter verbetering van de functie van de belendende gewrichten, voor spierversterking en tot vorming van de stomp.

"Zou je nu die Codex Medicus Neerlandicus in het vuur willen gooien"? Met pijn in het hart [†)] geef ik gehoor.

*) Mogelijk: furonkels?

†) Myocardinfarct?

§ XIII of: *Wat moest waar een keer van komen?*

Ğerst en Guurte hebben pret. Ze zetten in op 'wie om het langst zijn blote voeten in de kachel durft te houden'. Ze versnaperen er alcohol bij. Ğerst dreigt te vervallen in 'weet je nog ... ?'.
Daar steek ik een stokje voor.

G-1 haalt zijn voeten toch nog onverwacht uit het vuur en zegt duidelijk hoorbaar: "Au". Ğ-2 beseft nauwelijks dat hij gewonnen heeft. "En dat voor een man van getallen", merkt G-1, zichzelf daamee als Guurte ontmaskerend, zuurtjes op. Ğ-2, die Ğerst dus moet zijn, begrijpt door deze aanmerking ten volste gewonnen te hebben. Ik denk dat iedereen, na het lezen van de ruim 6.000 bovenstaande woorden, wel zal begrijpen dat het ziekenhuis de laatste plaats is waar we de verse brandwonden van zowel verliezer [Guurte] als winnaar [Ğerst] zullen laten behandelen.
We telefoneren. Er stopt een taxi achter onze taxi. De Waard schuift uit. Hij knijpt een tube zalf leeg in de wonden.
De Waard is zijn gewicht in zalf waard.

Het heeft een greintje iets van een jongensboek. Op een zeker moment druppelen daar vaak alle hoofdpersonen binnen om er nog een laatste keer een mooie boel van te maken. Nog eventjes en zowel broer bakker als de befman komen hun zegje doen.
"Lijkt me sterk. Befman verging" [«: Ğerst]. De Waard, Guurte en ik weten niet of we Ğerst nu een pienter manneke vinden of een zeikgrage Piet Lut. We komen uit op zPL met twee stemmen tegen één. We stoken zPL op in de potkachel.

"Net als vroeger", mijmert de Waard. "Lekker knus. Wij drieën en verders niemendal".
"Of", mompelt een ander.
Wij zijn een man uit weinig stukken en van één woord [8.)].

Op naar de taxi's. Guurte en ik nestelen ons achterbanks.
De Waard start en stuurt. Wij keren naar onze grond terug.

EINDE [9.)]

, maar daarom nog niet afgelopen.

TUSSENSCHRIFT

[403 reservewoorden]

Het had allemaal veel erger kunnen zijn. Het heeft zijn tijd gehad. Had het zo hoeven lopen? Wie weet? Waargebeurd? Ik zit hier niet op te wachten. Ik geloof niet dat ik dit had willen weten. Was dit nou echt allemaal nodig? We moeten het nog maar even aankijken, want we zullen wel zien waar het op uitdraait. Het had allemaal zo veel erger kunnen zijn. Het heeft zijn beste tijd gehad. Had het echt zo hoeven lopen? Wie weet waarom? Waar en gebeurd? Ik zit hier dus niet op te wachten. Ik geloof niet dat ik dit per se had willen weten. Was dit nou eigenlijk echt allemaal nodig? We moeten het nog maar eens even aankijken, want we zullen uiteindelijk wel zien waar het op uitdraait. Het had zeker allemaal zo veel erger kunnen zijn. Het heeft misschien zijn beste tijd gehad. Had het volgens wie echt zo hoeven lopen? Wie weet dan waarom? Waarachtig en gebeurd? Ik zit hier dus eveneens niet op te wachten. Ik geloof achteraf niet dat ik dit per se had willen weten. Was dit hier nou eigenlijk echt allemaal nodig? We moeten het vooralsnog maar eens even aankijken, want we zullen uiteindelijk wel willen zien waar het op uitdraait. Het had toch zeker allemaal zo veel erger niet kunnen zijn. Het heeft dan misschien zijn beste tijd wel gehad, maar had het vervolgens, zonder wie echt niet zo hoeven lopen? Wie zegt: "Ik weet dan wel niet waarom, maar het is waarachtig en nooit gebeurd"? Ik zit hier dus eveneens niet langer voor nop op te wachten. Ik geloof achteraf dat niet ik opnieuw ingeschakeld had moeten worden, zolang als dat ik dit per se graag had willen weten. Was jij het die verklaarde dat dit hier nou eigenlijk echt allemaal nodig bleek? We moeten het vooralsnog maar eens even niet langer aankijken, want we zullen uiteindelijk wel weer niet willen zien waar het hoogstwaarschijnlijk op uitdraait.

Het valt wel mee. Geef het tijd. Het valt wel mee. Wat maakt het uit? Geef het tijd. C K sta W tah! Wat maakt het uit? Gebeurd is gebeurd. C K sta W tah! Ik heb het er naar gemaakt. Gebeurd is gebeurd. Niet langer zoönnozel. Ik heb het er naar gemaakt. Allemaal nodig? Niet langer zoönnozel. Voorwaarts! Allemaal nodig?

Voor

waarts!

NASCHRIFT

[Woorden vuil maken]

1 De lezer doet er goed aan de verwerkte beloften te verguizen.

1.1 Uiteindelijk is het universeel overbodig tot hier.

1.2 Het begoochelt.

2 Je kunt je dan ook afvragen hoe de resterende jaren van vorm en in houd waren geweest, had je dit alles niet tot je genomen.

2.1 Heb je Guurte c.q. Nafeth in je hartje gesloten of wil je spuwen, als je denkt ooit samen te moeten komen?

2.2 Voel je je door ontlening heus te gemoet getreden?

2.3 Heb je spijt je tijd verbrast te hebben aan *'Guurte'* overmits je je daardoor niet geheel op *'Music of Hindustan'*, vervaardigd door A.H. Fox Strangways, hebt kunnen storten?

2.3.1 *'Music of Southern India and the Deccan'*, het schalkse werk van C.R. Day [10.)], ligt inmiddels lankmoedig te verbeiden.

3 Daarnaast heb je je afgevraagd wat dit boek zoekt in de collectie van het Radio Volkskundig Bureau.

3.1 Gelijk heb je.

3.2 Sommigen beweren verder dat het zich allemaal niet leent voor een lineaire leeswijze.

3.2.1 *"Ik verzoek u te luisteren,*
maar evenwel niet langer de oren gesnoerd".
3.2.2 *"Als het hart mij sterft, de gangen door.*
Ik voel er weinig voor".

4 Ik heb niet het idee dat er nu meer te vatten valt.

5 Om 39 maal het woord *'of'* te leveren, had ik een opsomming kunnen laten drukken.

6 Er is bijgevolg meer aan de hand.

7 Voor een gedeeltelijk begrip van wat hier genoteerd staat, moeten wij terugkeren naar een moment.

7.1 Dat als bevel te aanvaarden, zonder zich haarkloverijig op te stellen, is een hele kunst.

7.1.1 Hele kunsten zijn niettemin dikwijls te gul gevraagd.

7.1.1.1 Zo komen we aardig in de knoop gelogeerd.

7.1.1.2 Ja, in de knoop.

SCHOONSCHRIFT

[Wacht tot het dodend licht gedoofd is.
Er kan nog meer pijn komen] [11.)]

De emanatie van een staalblauwe zon schakelt hals over kop,
maar daarom niet betwistbaar, de processen in mijn hoofd in.

Daar is het daglicht.

Dankbaar glijdt de slaap uit mijn oren.
Niet omvattend kijk ik je aan.
Waardoor ben je in rouw en verwarring?
Voelde je je geroepen?
Je probeert de niet zichtbare uitstroming te volgen.

Nafeth krijst.

Dan wordt het stil.

Ik kleed me voor het spiegelglas.
Onwankelbaar staar ik me aan.
Ik kook fijngewreven koffiebonen om het resultaat.
Ik roer en slok. De kroes heeft geen sluitlipje. Ik ben behoedzaam.
Er ontgaat geen resultaat. Zoals onder andere nooit.

Ik keil mijn pyjamajasje in de allesbrander.
Een beproefde werkwijze verdient zichzelf weerom.

Nafeth ververst de flambouwtjes, buizen, draden, kokers en pijpjes.
Hij vult de vloeistoffen aan, brengt tubes op druk.
Ik reinig vergaarbakjes, los een pitje af en laat een sopje schuimend
vloeien. Het aangekoekte afval wordt teer, gevoelig en verlaat
vensters en laklaag. Nafeth stipt een plekje aan: “Op weg”.

Anders het zekere voor het onzekere genoten.
Wij slijten de wagen en pachten de bus.

In beweging naar het dorp hebben wij niets te verliezen.
Belooft het dus rustig een namiddag te worden?
In het dorp slenteren wij elkaar langs het lijf.
We bepalen dat zulks gerust onbeloond mag blijven en peuzelen
een sneetje kost met pindakaas.
Het is een bedrieglijke spijs.

“Een kot van hout met een tafel, een tafelzeiltje, twee stoelen, een kraan met een gootsteen, een kruik, twee kroezen, een pergulator, een koffiemolen, koffiebonen, twee kommen, twee borden, twee vorken, twee messen, twee lepels, een allesbrander, een treeftje, drie pannen, oplopend in omvang, zouden nu niet gek uit komen”.

Ik laat deze woorden rustig op mij inwerken.

Dan vul ik aan: “Een pokhouten plankje aan de muur, waarop minstens *‘Music of Hindustan’* en *‘Music of Southern India and the Deccan’*. Een halfrond raam met giet- of smeedijzeren kozijn waardoor uitzicht op om het even wat voor een schoon. Een vloer die niet maalt om een schep zand meer of een schep zand minder. Hanenbalken, korbelen, kreupele stijlen en het geheel riet-, maar liever lei-, zelfs plaggedekt”.

Nu gaan we beurtelings aanvullen.

"Een instrument".

"Uit de familie van de viola da gamba".

"Draaitafel".

"Geluidsdragers".

"Petrolielamp".

"Potlood en cahier met stofomslag".

"Music of Southern India and the Deccan".

"Hadden we al".

"O, excuzeer".

"Maakt niet uit".

"Fijn. Wie is"?

"Jij".

"Music of Hindustan".

"Uiteraard".

"Mag niet ontbreken"

"Heb je 'm wel eens gelezen"?

"Nog niet aan toegekomen".

"Maar hij moet wel op het pokhouten plankje".

"Mag niet ontbreken, zei ik toch"?

"Dat is waar. Ben ik"?

"Jazeker".

"Een fikse spijker in de wand getremd".

"Waarvoor"?

"Voor jouw jas, die daaraan op te haken is".

"Dan zou ik denken aan twee fikse spijkers".

"Sluit als een bus".

"Verder nog iets"?

"Ik vind het wel voldoen zo".

"We laten het hier bij".

"Provisioneel".

"Nee".

"Wacht".

"Een gummetje"!

"Een gummetje! Voor bij het potlood en het cahier. Vanzelfsprekend. Om uit te vlakken wat je net geschreven zou hebben, als dat je niet bekoren kon. Zodat je het kunt herformuleren, waardoor je zienswijzen helderder op papier komen. 'Ongenaakbaar domein' zou direct aan je vlakje ten prooi zijn gevallen".

"Vlak je"?

"Ander woord voor gummetje. Er zijn mensen die zonder gummetje toekunnen. Gummetje, gummetje, gummetje. Het woord. Het klinkt zo het voelt".

"Ik heb nu het idee dat je een beetje doordraaft. Klopt dat als een zwerende vinger"?

"GmmtjGmmtjGmmtjGmmtjGmmtjGmmtj".

"Ik heb er een pietsje berouw van dat ik dit gummetje heb genoemd".

"Dat snap ik".

"Nader nog wat"?

"Kot compleet". [12.)] [13.)]

"Guurte weet door het kwasten van verschillende harde kleuren zijn kot een fris en opgewekt aanzien te geven. Zijn verloren molen was gespeend van iedere verfraaiing in verf. Men klopte er aan een geteerde plankendeur. Dat zal men niet weer gebeuren".

"Ja, wel aardig, maar ik val over woordje tien".

"W'ôm"?

"Het is óns kot".

"Guurte weet door het kwasten van verschillende harde kleuren het kot van Nafeth en hem een fris en opgewekt aanzien te geven. Zijn verloren molen was gespeend van iedere verfraaiing in verf. Men klopte er aan een geteerde plankendeur. Dat zal men niet weer gebeuren".

"Stukken beter".

"Zo maar laten"?

"Persverklaring compleet".

OPSCHRIFT

[Van twee heggemulders met het tweede gezicht
en van goede levenswandel, die elkaar door ondervinding
wijs geworden natuurlijk niet ternauwernood de schedels
inklossen met hun bilhamers]

Gaan wij nu over tot de zogenoemde nietigheid van Nafeth. Direct moet men zich, wil de stof niet verwarrend werken, het navolgende duchtig voor ogen houden: de zin van het woord 'nietig' is hier een eigenaardige. Men geve zich er tevens aldoor goed rekenschap van dat er een aanzienlijk verschil bestaat tussen onafwendbaar en -omkeerbaar [14.].

Het was uit de aard dier zake onafwendbaar dat Nafeth nietig bleek; van het leven ontheven.
Ik heb getwijfeld of ik onmiddellijk

[enkel [15.] / n /]

[enkel [16.] / m /]

[enkel [17.] / k /]

het erfpachtsrecht hiermee samen zou behandelen of, de fatsoensnormen volgend, eerst iets anders en vervolgens een hele maal niets meer zou behandelen. Ik verkies het laatste, maar ben daardoor helaas gedwongen terstond ter andere zake te komen.

Het is gedaan met Nafeth. Hij kijkt nog eens om zich heen. Nafeth komt niet graag te laat. Nog enkele honderden meters of daar zullen ze voor de deur staan. De kraaien draaien hun handkar de straat al in. Nafeth, met zijn ogen zo zwart als de ogen van een vogel, staart voor zich uit. Guurte en Nafeth, zijn zoon en toeverlaat, zitten aan hun tafel. Wat een pracht van een tafreel. Maar dan andersom [18.].

Er zit voor Guurte niets anders op. Hij wist zijn hoofd. Hij gooit de draaitafel [19.)] en twee boeken die hij nooit gelezen heeft in het vuur. Hij zal ze ook nooit lezen, besluit hij, want hij heeft ze net in het vuur gegooid. Het zou nu een beetje een rare beslissing zijn de boeken weer uit het vuur te halen. Indachtig de traag helende brandwonden aan zijn voeten, valt het Guurte licht de rare beslissing niet te nemen.

Hij zet een stoel aan de kant, onder het schuine dak, waar je niet kan staan, als je langer dan een meter bent [wat de stoel niet is. Het is juist een lekker kort stoeltje]. Op de stoel zet hij een bord, waarop een kom, waarin een vork, waarbij een mes en er neven een lepel. Een kroes hangt hij aan de spijker naast de spijker waar ooit zijn jas aan zou hangen. Guurte heeft geen jas. Guurte heeft het nooit koud. De jas, die hing aan de spijker waar nu de kroes hangt, legt hij binnenstebuiten op de grond. Zijn beest gaat er op liggen. Dan komen de traantjes. Bij het beest.

Guurte veegt het oude zand van de vloer en strooit vers op.
Hij drinkt een beker sap. Zelfs twee van zulke broodgewone zinnen roepen in zijn net zo lekker gewiste hoofd. Hoe de kom zog toch nog een beker sap heeft kunnen worden? [20.)]
Het is Guurte een raadsel.

Traag dat het schrik baart begint de ernst van de zaak nu tot Guurte door te dringen: het pokhouten plankje aan de muur is leeggeraakt door de bovenmatige opruimwoede. Guurte verschuift de grendel op de deur en spant zijn beest voor de wagen. Hij gaat naar het dorp. Daar heeft hij nu iets te zoeken.
Iets voor op het plankje.

In het dorp is een winkel.
In de winkel is Guurte.

Guurte schaft objectjes aan die de onnoembare ervaring oproepen die het aanraken van een brugleuning, het bekijken van een schets of het pissen in het water ook doen. Guurte de winkel uit. Hij komt naar de eerste brug en raakt de leuning aan. Er gebeurt niet gek veel. Dan knoopt hij zijn broek een stukje los en laat zijn water ruisend in de diepte struilen. Daaropvolgend gebeurt geen reet.
Laat die schets verder ook maar zitten.

Opgelucht haast hij zich terug naar de winkel en ruilt zijn geld in voor de plankdingetjes. Opgelucht haast hij zich terug naar het kot en ruilt het leeggeraakte plankje in voor een goed, met de plankdingetjes, gevuld plankje.
Opgelucht staat netjes.

AFSCHRIFT

[104]

Guurte waakt dat het laat wordt.
Dan gaat hij naar het weiland.
Hij ziet rustig toe, hoe de jaarling volgroeit.
Bereids is het een prachtpaard.

"'*In lentekleed gestoken*
en heel te male genegen u eenheid te bieden wil ik zijn',
denkt het paard.", denkt Guurte.

Daar kon hij wel eens gelijk in hebben.
Guurte vindt dat je niet op een paard hoeft te zitten
om een ruiter te zijn.

Hij plopt een kruikje open, schenkt en slokt.
De wind wrijft hem de ogen dicht en zinkt.

Wij zijn verbonden.
Wij zijn gezworen kameraden.

Daar sluit de aarde een Guurte in.
De schelle zwijgt.

NOTENSCHRIFT

[Uitgelezen handschrift]

1.) “IJver na ijver”, verklaart Ğerst tegenover Ğerst. “Ergens kwarterwege is mijn taxi verkeerd afgeslagen, dan afgeslagen. Ik heb nog driftig aan het stuur getrokken. Ik zou het niet hebben kunnen laten het krachtig gesloten remsysteem in werking te zetten of te laten plaatsen.

Van dat punt weet ik zeker dat het een crux is [of een lus].

Er is een bult cruci. Namen voor beelden ter illustratie. Steeds als ik dacht, bleek iets anders dan ik dacht. Om daar peil op te trekken is niet eenvoudig.

2.) Ik heb het accuzuur leeg gezogen [uitgeput] tot de startmotor nog entwat mompelde. Daaropvolgend was ik in marstempo beginnen te lopen. Al met al denk je dan. De ongelovige komt langs deze weg tot de mechanica om vat te krijgen.

3.) Vandaar de beschrijving van de narcose, het remsysteem, de molen. Daarbij het klaarstomen van de DKW voor vertrek, voor vertrek. Ik stip dit maar even aan, put dus niet uit”.

4.) Voor het ritme, meer nog voor de vorm, voert Ğerst een vooraf gedefinieerde reeks, evenwel niet relevante, handelingen uit:
i.) een dansje,
ii.) een koud stortbad,
iii.) afdrogen en
iv.) heraankleden.
Want van dans ga je zweten.

5.) “Stelling: Ik ben een systematicus” (u ziet, hij vervolgt). “Zo zou dit boek in meer delen voor u gelegen zijn. Het eerste deel kon ‘Schriften’ heten. Zou dit lezen met deel twee open daarneven. Telkens kon men het tijdelijk sluiten om de pakkende titel te herlezen. Ik ben geen systematicus. De twee delen een band.

6.) De derde component schaats het verhaal in en is al zo veel duidelijker. Na een onduidbaar ongeval [het is een destructie], voegt deze zich bij Guurte [het is een symstructie]. De broers met verbasterde bijbelse namen. Die broers, ze hadden er liever niet in gehoeven, tenzij ze consequent uitgewerkt geweest waren geworden. Zo hebben ze geen duidelijke plaats en functie. Niet direct als component, wel als verwant hieraan. Okkegijs lijkt mij een schakel als enige levende; als laatste declinatie van zijn zijn. Ik heb overwogen Okkegijs hier in hamerende zinnen ten gebruike aan te bieden. Hem een los end te laten blijven dan"?

7.) Voor de rust, daarmee al een belangrijk aspect van Okkegijs aanschouwelijk makend, voert Ğerst een toevallige reeks van geen handelingen uit.

8.) "Stelling twee: Jij bent een regisseur en dit is een stuk toneel, (z)o zouden jouw handen nu in je haar gezeten zijn geweest".

9.) Deze eerste declassering van Okkegijs legt het voornaamste verband tussen het beeld van de belt en het laatste vraagteken.

10.) "Hij heeft, zoals alles en zoals bekend, zijn naam niet mee.
Ik mag klagen, maar kan nog gaan als Ğert".

11.) De regisseur stelt voor het gezeur over die namen te schrappen. Dit wordt met luid gejuich ontvangen. Ook tussen de haakjes geplaatste woorden bieden interpretatieproblemen. Meer nog de om tussen (...) haakjes geplaatste woorden geplaatste haakjes [tussenom de nog meer].

12.) Ğerst beëndigt het telefoongesprek door subiet subtiel de binding te breken, maar niet voor hij nog even, na de uitval gepareerd te hebben, onmiddellijk een tegenstoot uitbrengt
met woorden: "(...)".

13.) Je bent geen regisseur en wordt niet aansprakelijk gesteld.

14.) "Zo gaat het nu keer op keer. De minste decentratie maakt dat ik onzinnen ga uitkramen en binnen zinnen stuit ik op lussen. De lus naar Okkegijs heb ik nog niet bestoten".

15.) Ğerst spankert naar zijn draaitafel en pint een plaat over het pinnetje middenop. Met een naald betaalt hij een streepje vinyl. Hij koopt klank.

16.) "Nog kort geleden zou ik het proces hebben beschreven. Zo ver ben ik al, dat ik alleen vertel dat er muziek klinkt. Teringmuziek [*]. Dat dan gelukkig weer wel.

17.) Zodra de bastrombone inzet pleurt er regen, als de alttrombone doorzet, steeds. Je zou dit een regendag noemen".

18.) Je zou dit een achterwaarts opgestelde reeks relevante woorden willen noemen.

19.) Ğerst laat u weten straf in zijn nopje te verkeren. De draaitafel is de enige lus erondertussen.

20.) "Het vernuft toont zich in het wissen van lussen tot je Okkegijs beziet. Hij verschaft ons de laatste verheldering en sabelt zich in de volgende regel neer.

[*] Stelt Constant van Wessem, in 'De Groene Amsterdammer' van 5 augustus 1935, ten overvloede: "Een slecht gespeelde jazz is geen jazz"?

Pagina 116 - Bij sommigen spreekt men van 'mouche'

BRANDBAARD

DKW	INKTVRAAT	RAADSELACHTIG
DROM	JUCHTLEER	SNEEUWVLAKTES
THEE	PENSORGEL	ZETELDEKENTJE
ZIJE	WOLFSGERST	ZIEKGEESTIGEN
BAARD	BLOEDSCHULD	ZIELVERMEIDER
GEVEL	BRANDWONDEN	GETIJDENEILAND
GRTLE	KLOKGEBEIER	VARENSMANNETJE
NYLON	TUCHTORGAAN	ZEVENJARIGHEID
PATER	VERNEPELING	BELIALSKINDEREN
SJEKJE	DENNENKOEKEN	CHAPPESPINNERIJ
TEORBE	DUIVELSBROED	DOODSKLOPPERTJE
GAMONÉU	EDELPILSENER	OOSTNOORDOOSTEN
VARKENS	KOUSENHANDEL	WALVISSENKARKAS
VEENRUG	POMPERNIKKEL	MEERVINGERIGHEID
VUURZEE	PRUIKENMAKER	TRYCHLOORÆTHYLEEN
ZOÖNOZEL	SPEELKAARTEN	VEENMOSRIETLANDEN
AALBESSEN	BORDUURPAKKET	UITDRIJVINGSVERSJE
FABRIEKEN	HANDHARMONICA	BALSEMTERPENTIJNOLIE

U I T D R I J V I N G S V E R S J E O N R B R Z S

C D H N N D U T A Z B E E H J A T D E K E A E I P

N I I Y E É E A S L O J B I K R M T G O N L E E E

A E L E N K L O O R T Ö R R Y A S R I U E S L L E

D O D O H B E E R N E E N C O O Z O T S S E T V L

N I M N E G D O E B N G H O O E V Z H E L M H E K

S A E S A S I K K N S L S D Z A T I C N I T C R A

G N S H C L E R I N O L R F R E D E A H P E U M A

N E E H G D T P A O E O E E L R L K L A L R J E R

N A U E L I S E R J O N N V A O T G E N E P P I T

L L A E U E R Æ I N N S N A I H W E S D D E R D E

D E T G P W T E T R M E B E E U E E D E E N U E N

S E G P R H V S G A S H V E D E D S A L I T I R N

Z N A R Y O O L N N E O A E E J N T A E N I K K E

G H E L O O T N A L I J M N Z I P I R E K J E L D

C R E K R S E H A K E V K N D Z C G H Z T N N O N

T E T I R T N G C R T V R E E H E E T R V O M K O

N R O L J A G E R U A E E E J E A N D U R L A G W

D K W E E E V W P O T O S G E S V R R U A I K E D

N E R E D N I K S L A I L E B M D E M V A E E B N

M O R D S A K R A K N E S S I V L A W O T N R E A

D O O D S K L O P P E R T J E R E T A P N B O I R

D N A L I E N E D J I T E G G U R N E E V I E E B

T E K K A P R U U D R O B N E K E I R B A F C R K

L E K K I N R E P M O P V E R N E P E L I N G A !

EERSTE HOOFDSTUK

WAARIN MEER BRAND DAN VERSTAND IS

Hij staat pal achter zijn enorme, afstotende baard. De deur van zijn zaakje zwiept open. Jij grijpt zijn baard. Ritmisch en hard bonk je zijn hoofd op de toonbank. Wat ben je ziedend. Hij kent je amper, maar zó zeker niet.

Hij probeert het gesprek een constructieve wending te geven door je te vragen of je toevallig al aan een naam hebt gedacht. Jij bijt hem toe: "De gever van zijn eerste naam is 'Pilliphus Cornelis Pilliphus', al is het de tweede die vergeven wordt. Dan 'Wilhelmus'. Zomaar. Derdst: 'Nicolaas'. Niet zomaar".
Lelia, hij hoopte toch zó, zo je woede wat te milderen.

Hé, je overgiet zijn baard met een brandbaar goedje, haalt een waslucifertje onderlangs je schoen en laat hem brandend achter.

Ik sta met een vuurbaard, in een kousenwinkeltje, te kijken naar jóu, Cornelis Wilhelmus Nicolaas. Het is een merkwaardige situatie, maar hij bevalt me wel.

Alleen je bespottelijke naam staat me tegen.
Ik noem je daarom: Ome Cor.

TWEEDE HOOFDSTUK

WAARIN ÉÉN EN ANDER TOCH AL WEER ENTWAT ONDUIDELIJKER WORDT

De vuurzee die onder mijn kaak, tegen mijn borst klotst, slaat over op de uiterst brandbare handel. De ordentelijk opgetaste kousen onsteken aansluitend de wortelhout gefineerde winkelkasten.
Het vensterglas klapt de gevelsponningen uit.
Zo richtte ik mijn zaak te gronde.

Ach, Ome Cor, jij die bepaaldelijk grote waarde hecht aan mijn mening en mijn inzichten, voelt je verplicht duidelijk te maken, dat jij niet deelt in het beginsel aangaande de teloorgang van de aan ons toebedeelde kousenhandel. Beslist ben jij van oordeel dat die firma nog telkens te vinden is op het welbekende vestigingsadres.

Dan nog iets over die baard. Bij veel mensen is in zekere mate beharing op het gezicht te vinden. Bij enkelen mag het zelfs een baard heten; bij sommigen spreekt men van ‘mouche’. Ik hoor sinds de brand niet meer bij de enkelen of de sommigen. Mijn beharing noemt men ‘wenkbrauwen’.

Verder is de schandaalrubriek op de vorige pagina een samenraapsel van waarheden.

DERDE HOOFDSTUK

VOL VERSCHEIDENHEID. ALS BEVATTENDE DICHTREGELS EN GESMOLTEN NYLONS

Het zal vast nooit duidelijk zijn wat de ongemeen felle brand aan het pad heeft veroorzaakt, maar laten we zeggen dat een uitbrander geen reden is om de zaak op te doeken. Hoewel nagenoeg alle inboedel verloren is gegaan, ben ik vastbesloten mijn zaak opnieuw op te bouwen. De foeilelijke en waardeloze monumentale voorvoorgevel uit 1859 is helaas goeddeels gespaard gebleven en zal niet worden afgebroken.

Er staat een gevel aan het pad. Achter glasloze vensters zie je
een afgemeten zakenman met een brandwond in de vorm van
een baard op zijn borst; verkoopt men gesmolten nylons.

Ook ligt er glas op het pad. Een stapel scherven netjes.
BRANDBAARD, *valt er te lezen op het hangbord*
boven de bezem tegen de gevel.
Verkoopt men werkelijk gesmolten nylons?

Met tere aandacht buigt zich stelselmatig
een hoofd van steeds een ander uit de toegestroomde
belangstellenden omheen de deurpost.
Begerige vingers plukken aan de gesmolten nylons.

VIERDE HOOFDSTUK

WAARIN WE IETS LEREN OVER ZIJDE

Ome Cor, nijvere mier die je bent, walgelijke uitslover, je loopt en loopt en weet waar je het zoeken moet van lome moeheid die zich van je meester maakt. Die plaats wordt je niet gegund. Hebzuchtig storten ze zich op de aangeboden waar. De gevel wankelt op zijn grondslag. De voorsten dringen zich aan je op. Een zeemanstype met een herkenbaar vóórkomen klauwt zijn nagels in naaststaande vrouw. Zo komt hij voor. Zijn hebberige blik vergroeid met een bijna niet aangebrande nylon, nog maar enkele centimeters voor zijn neus. Staag was hij op zoek naar een touw om zijn kleine winterse zeteldekentjes mooi opgerold in een kast te houden. Thuisgekomen zal hij ze één voor één wikkelen en er kapotte nylons rond strikken. Het kwets niet en bovenal laat het de stof nog ademen.

De bloederige strepen veegt ze uit haar gezicht als ze kordaat naar voren beent. Die vrouw van voorheen. Met anderhalve slag veegt ze de man ontzind tegen de grond. Ze kijkt Ome Cor recht in het gezicht. Uit de diepte van haar buik borrelt het op: "Míjn". Weltevreden verlaat ze de winkel met onder haar arm het begeerde, vakkundig gehaast verpakt. De sfeer in kousenhandel *Brandbaard* mag grimmig genoemd worden, maar niemand die dat doet.

Het blijkt een gat in de markt. De wijde omtrek is niet vergeven van slimme zakenlui die verkoolde handelswaar aanprijzen en zelfs weten af te zetten. Het rustiek, ambachtelijke van een uitgebrande zaak draagt ook zeker bij aan onze bekendheid. Deze formule is in de contreien nog onbekend en spreekt velen tot hun smalle verbeelding. Een eindeloos ogende rij koopziektelijders strekt zich uit. Ik ga ze niet één voor één behandelen. De enige zonderlinge enkeling daargelaten. Theodoor L. Haeseker, een goedgelovige dommerik, afkomstig uit een stad: een zesdaagse wandeling van hier. Erop uitgestuurd door het meisje waar hij mee loopt. Om een paar kniehoge kousen van pongé bourette. Een stof waar Theooke tot voor zeven dagen geleden nog niet over had gehoord. Onderweg liet hij de stofnaam her en der vallen. 'Afval van de chappespinnerij', noemde men het dan. 'Ruw, genopt en glansloos'. Instemmend knikte Theooke, want onderweg wil je wijzer over komen. Nu staat hij dan lispelend en stotterend zijn rode hoofd te tonen aan Ome Cor. Medelijdend proppen we hem een tweetal haspelzijde kousen van Hongaarse makelij in de hand, rekenen een indrukwekkend bedrag af en wuiven zijn duizend dankzeggingen lachend weg. Theo draait zich, om richting deuropening te gaan en vertrekt. Hij peuzelt een knoeperd van een eierkoek op waarvan hij de laatste hap wegspoelt met een teug lauw bier uit zijn aarden reiskruik. Daar steekt hij een peukje op en herbegint zijn reis. Nog zes dagen lopen en dan wacht hem, geen verassing: zijn lieve Alida. In heel zijn jonge leven heeft Theodoor nog geen vrouw in zijde kous gezien. Het benieuwt.

VIJFDE HOOFDSTUK

WAAR WIJ IN VOETSPOREN TREDEN

Na dit aanvangsverhaal volgt het serieuze stuk, want niemand wil tijd verliezen aan oppervlakkige kout of beuzelarijen.

Theooke [Theij] op de aardeweg met voor zich de dagreizen die zich uitrekken. Zo moet je je het voorstellen. Achter zijn rug om een handharmonica die venijnig stuitert tegen de weke delen van de onderrug, maar waar je toch nog meer van gaat horen.

Nog meer achter dit manneke: twee figuren. Brandbaard is het, met aan zijn hand een tot op de draad uitgeputte Ome Cor. Weer later hebben ze zich aaneengesloten tot een troepje reizigers.

“Om je nu op je eentje door dit sagisch landschap te laten reizen, vonden wij niet verantwoord. Ook gezien het trieste feit dat wij ons juist buitensporig hebben verrijkt ten koste van jouw onverdorven argeloosheid. We voelden ons dus verplicht, maar toch niet zozeer dat we met tegenzin met je oplopen”.

“BraBa”, gilt Theooke verheugd als hij eindelijk ziet en hoort dat het dus geen belagers zijn, uit op zijn ruwe grège kousen.

ZESDE HOOFDSTUK

GRTLE AAN DE EIGENAAR

Onkel C.W. Nikolaus, diese ekelhafte Ameise, läuft und eilt.
Industrielle Müdigkeit zerstört diesen faulen Streber.

Of, anders gezegd, in glad Hollands: Ome C.W.N. sleept zich dodelijk vermoeid, maar verder zorgeloos achter het olijke clubje aan en wijst ons op bijzonderheden in het landschap. Hij weet de oorsprong van plaatsnamen. Soms verrassend voor de hand liggend, maar vaker tamelijk ver gezocht.

'Grtle aan de Eigenaar' is zo een uitgestrekt raadselachtig dorp. Met een gouddraadtrekker, een lijndraaierij, een drietal pruikenmakers en een bibliotheek. Het gehucht ligt op een oude veenrug in het zandgebied en bestaat uit een weg die parallel loopt aan 'de Eigenaar'. Het stamwoord 'Grtle' is afgeleid van 'groten getale'. Er schijnen van oudsher nogal veel mensen te zijn geweest die beweerden de rechtmatige eigenaar van dit stroompje te zijn. Kolder natuurlijk.

Verder maar geen aandacht meer besteden aan hetzelve.

Verwaarloosd naar lichaam, maar niet naar ziel, laat Ome Cor zich neervallen op een bank in het straatbeeld van Grtle. Met zijn karakteristieke diep omkringde ogen loert hij naar Theij. Het wantrouwen gutst hem uit de karakteristieke diep omkringde ogen. “Waarom jaagt deze mafketel ons in duivelse tempi voort zonder ons rust te gunnen? Is Brandbaard te snel geweest met vertrouwen schenken? Hoe kan een zinnig mens - dat hij is - niet zien dat je op je hoede moet zijn bij het reizen in gezelschap van een volwassen vent die geen broek draagt boven zijn sterk riekende, juchtleren laarzen”? Ome worstelt met deze vragen.

Theij - op zijn beurt - kijkt, schijnbaar gelijkmoedig, neer op het goed geklede broekenmannetje. Opvallend vindt hij de rechterhand van de knaap. Tussen pink en ringvinger lijkt een extra vinger gezeten te hebben. Inderhaast slordig geamputeerd.

“Je hebt een pracht van een pruik op, beste jongen. Hij valt je lekker ruim over de oren”. Zo breekt het ijs. Kort later mag Theij de pruik even dragen, terwijl Ome de hoge zije op heeft. Iedereen moet kostelijk lachen als de rand hem terstond over de karakteristieke diep omkringde ogen zakt.

ZESTIENDE HOOFDSTUK

HOE WIJ ONS MOETEN TEVREDEN STELLEN MET HET PLOTSELING GEMIS VAN NEGEN HOOFDSTUKKEN

In de negen ontbrekende hoofdstukken is het volgende voorgevallen. Het gezelschap is in de daguren verwikkeld geraakt in een bibliotheekruzie. Het betrof een teerachtige substantie die vlekte [en daardoor prijkte] op een *copie figuré* van de schenkingsoorkonde betreffende het waterloopje 'de Eigenaar'. Deze ruzie is te na beschreven in hoofdstuk 7 [subtitel : RARA FOLIA]. Ook de juridische zwaarte van een facsimile ten opzichte van een oorspronkelijke oorkonde is even aan bod gekomen. Niet heel uitgebreid, aangezien hoofdstuk 41 veel dieper op deze materie in zal gaan. In de er op volgende avonduren werd besloten dat Theo en Brandbaard met een vergelijkbare teerachtige substantie ingesmeerd moesten worden. Hierdoor zouden de veren beter plakken, die onderdeel zijn van de folklore van het raadselachtig uitgestrekt dorp. Ome Coelken heeft dit weten te voorkomen. Hoe hij dit puike stukje onderhandeling heeft klaargespeeld, was te lezen in hoofdstuk 8. Heel vlot weg dus uit dit vijandelijk gestemde dorp en op weg naar Zwamp. Hoofdstuk 9 bestaat uit een mathematisch precieze beschrijving van dat dorp, waarvan hier nogmaals de naam: Zwamp.

Het Wapen van Zwamp bood in het tiende hoofdstuk onderdak en een verrassende reisgenoot: de man van de zeteldekentjes. Hij is zijn onvrede over de niet gesloten koop nog niet helemaal te boven, maar we zouden kunnen hebben lezen hoe hij dit toch nog voor elkaar bokst in hoofdstuk 11. Het is zonde dat ook dit hoofdstuk in deze eerste niet-omgewerkte druk door een teerachtige substantie onleesbaar is geworden. In hoofdstuk 12 neemt de man van de zeteldekentjes overdreven hartelijk afscheid om zijn eigen weg weer te bewandelen. Brandbaard lijkt geroerd. Doodjammer dat we ook dit moment niet kunnen meemaken. We weten nu niet eens hoe deze man heet. Dat voorlaatste is niet te zeggen van hoofdstuk 13, omdat daarin prompt en punctueel verslag wordt gedaan van het proces van hernieuwde vorming van een zwaarbebaard gelaat bij Brandbaard. Hoofdstuk 14 begint met het vertrek uit Zwamp en op weg maar weer naar de markt in de volgende vlek op de kaart. Het eindigt met de voornaamste en minst gekende bijzonderheden, voorgevallen gedurende die tocht. Hoofdstuk 15, ten slotte, was een tamelijk belangrijk hoofdstuk, omdat daarin uit de doeken werd gedaan wát die teerachtige substantie nou werkelijk is geweest. Een machtig mooi stuk tekst ook. Hierna vinden we de hoofdpersonen dus terug op de markt. Verwikkeld in afdingerij om een appel, of zo.

Of net daarna eigenlijk.

ZEVENTIENDE HOOFDSTUK

WAARIN WE IETS LEREN OVER WEEFTECHNIEKEN

"Zielverkopers zijn zielvermeiders", krijt de fruitvrouw ons na. Zonder twijfel hoopt ze daarbij dat de kwalen van de donkere tijd ons treffen. "Jammeraarster", roep ik terug. Daarna zijn we eigenlijk al weer te ver van elkaar verwijderd om verwensingen nog verstaanbaar te maken. Even twijfelt ze. Net lang genoeg om niet langer te twijfelen en toch kort genoeg om de achtervolging in een lachwekkend laag tempo in te zetten.

Genietend lopen wij tussendoor en overheen de overbekende landschapselementen. Soms fluit er rakelings een appeltje langs ons hoofd. Mikken kan ze nét niet, de fruitvrouw. Theij speelt een riedeltje op de handharmonica. Brandbaard weeft aan de hand van een achtschachtsweefstructuur een matje van zijn baard. Door te twijnen met vodden ontstaat er een dikke plak die hem beschermt tegen de schadelijke invloed van de zon en de hinderlijke invloed van de regen. Na zulk een regenval laat hij de baardlap, goed ondersteund door zijn getekende borst, drogen. Daar steekt Theodoor Lieve Haeseker een rokertje op en speelt een riedel op de handharmonica. Een appeltje spat uiteen op zijn achterhoofd. Peroenne sluit aan bij de groep. Alles is vergeven en alles is vergeten. Het is appeltjes eten geblazen, de rest van de dag. Appeltjes en peertjes. En riedeltjes op de handharmonica.

ACHTTIENDE HOOFDSTUK

NIET DE TWEEDE DAGREIS

De eerste echte handeling deze dag is het opzetten van een verse, stijf gegarnierde daagse pruik. Mijn zacht omkringde ogen kijken naar buiten door het monumentale kozijn uit 1859. Er staan boze mensen netjes op het pad. Werklustig ga ik de trap af en bekijk de woedende menigte belangstellenden. Zodra ze mij zien juichen ze het uit en bekogelen mij met appeltjes en handharmonicaatjes. Die spatten uiteen tegen de wortelhout gefineerde winkelkasten en laten daarbij een teerachtige substantie achter die door iedereen dood wordt geverfd als gesmolten nylons. De sfeer in mijn mijmerij over winkeltje *Brandbaard* mag apart genoemd worden. Als uit vier monden doet menig woedende belangstellende dat vervolgens warempel echt. De meesten gebruiken hiervoor de synoniemen 'vaneen', 'enig', 'vrijstaand' en 'terzijde'.

De bloederige strepen veegt ze uit haar gezicht als ze naar voren beent. Die bibliothecaresse van voorheen. "Míjn", zegt ze tevreden, door de gevelsponningen wijzend naar de rustig kabbelende 'de Eigenaar'. Dat is even ontzetting van beroering, gezien dat ik dacht dat ze het over mij had. Ik ontwaak hiervan uit mijn dagdroom en val [dus] in een droomloze slaap.
Ik droom van een droomloze slaap.

NEGENTIENDE HOOFDSTUK

DE TWEEDE DAGREIS

Dit land is geen land voor per
trein gaan doorkruizen, veel op
veel indrukwekkende manieren
zijn daar waar.
Naast de afstanden
- waarschijnlijk dieptevol -,
rivieren en gevallen van het
water dat kookt, wervelt.
Wat de niveaus van sneeuw
betreft: tussen vruchtdragend ijl
land en grootte, roodgrijs aan de
hogere oppervlakte afgekant.
Een ongelijkheid wordt alleen
maar met de punt werkelijkheid,
viaducten overwonnen en de
tunnel, meanderend,
of waarin spiralen.
Hij gaat zonder
onvermoeibaarheid einden door,
omhoog en omlaag. Omhoog,
draagt, draagt, draagt omlaag.

Dit land is niet echt een land om per trein te doorkruizen, veel te veel indrukwekkende trajecten zijn er. Naast ogenschijnlijk bodemloze kloven, kolkende rivieren en ziedende watervallen. Over sneeuwvlaktes, tussen vruchtdragende akkers door en naar ijle hoogten van roodgrijze bergtoppen. Hoogteverschillen worden eenvoudigweg overwonnen met tandradbanen, viaducten en tunnels, meanderend of in eindeloze spiralen gaat het onvermoeibaar voort, omhoog, door, door, door en omlaag.

De restauratiewagon is vol met verkopers van kleedjes, biertjes, broodjes, kruis- en aalbessen, noten en onbekende kaassoorten, waar wij ons niet aan wagen.

Er gaat een trein langs de veenmosrietlanden.
Achter beslagen vensters ziet men pruikerige zakenlui met
brandwonden in vormen van baarden en mouches op borst
en onderlip; versmelt men gekochte nylons.

Er liggen speelkaarten in het gangpad. Stapels heren netjes.
BRANDHAARD, *valt er te lezen op het voorblad* *)
boven de knieën van een krantenlezer.
Ruik ik nou koffie of zijn het vermolten nylons?

Met volle aandacht buigt zich dan het hoofd van conducteur
Stesse omheen de deurpost.
Begerig knipt hij onze kaartjes aan scherven.

Gelukkig is er een extern tuchtorgaan dat toeziet op regelvastheid en goede gang van zaken tijdens binnenlandse reizen. Stesse wordt hierdoor tot de orde geroepen. Hij besluit, als goedmakertje, om mee te gaan in een kaartje leggen. Dit onder het genot van een biertje, een puntje Gamonéu en een schaaltje kruis- en aalbessen.

De trein heeft ons terug in Zwamp gebracht.

*) Subkop: UNIEKE VERZAMELING RETROGRADE WOORDENBOEKEN GAAT IN VLAMMEN OP.

TWINTIGSTE HOOFDSTUK

Zwamp is een dorp vol
negenhonderdtwaalf mensen.
Deze 912 zijn te verdelen in 307
volwassen mensen;
de rest kinderen. Het dorp
ligt in een matig ontwikkelde
moergrond verre van welke stad
of stede dan ook.
Gezien de industriële leeftijd
van Zwamp hadden wij elektra,
telegrafie, aardgas en verharde
wegen verwacht. Hiervan is
nooit iets terecht gekomen.
De wegen in en rond Zwamp
zijn ongekend modderige
wegeltjes en paadjes met diepe
sporen, die door getrokken
wagens werden gemaakt.
Er is veel water bij Zwamp.
Zo is er 'de Eigenaar' die zijn
weg zoekt, meanderend door

Zwaampe es iêne taerpe volle
niêhunderdtwelve minjse. Disse'n
912 ziên te verdeulen in 307
veulwessene minjse; den rest
kènner. 't Taerpe leit in iêne maatig
ontwekkelde meurgronde verre
vaan welke stads of stede daan wat.
Gezene den industriële liêftiêde
vaan Zwaampe aodde wiêne iêlektra,
tiêlegraafiê, aordgasse en verhaarde
wiêgen verwakt.
Hiêrvaan es nuôit iêts derekte
kommen. Den wiêgen inne
en rundomme Zwaampe ziên
ungekand mudderige wegeltjes
en paadjens miêj diêpen sleur,
diêjend doôre trokkene waagens
werren maakte. Dur es viêler
waeter biê Zwaampe. Zòe es dur
'Denaigenoâre' diêjend ziêne henne
vurt zeukt, miaanderend dôer

moerassen, uitlopend in de vele
strangen die vergeven zijn van
modderige vulklei. Drink van
dit water en sterf. Het bevat
rottende restjes en kiemen,
virussen en diverse gevaarlijke
afmattende parasieten.
Opvallend is dat het dorp wel
een goudpatser, een lijntrekker
alias baliekluiver,
een drietal hoedenmakers en een
stationsbibliotheek heeft.

meurassers, uutllöesd in den viêle
straangen diêjend vergiêve ziên vaan
mudderige volkleiê.
Teug vaan dit waeter en starf.
'T Bevaat ruttende restjes en kiêmers,
virussen en diverse gevaarliêke
aafmattende parasiêters. Opvaallend
es da 't taerpe wol iêne goldpatser,
iêne liênetrekker of ook iêne die
euver den baddering kniêst, iêne
driêtalle heudenmaakers en iêne
triênestopbeukenuutliênereiê hiêfte.

EENENTWINTIGSTE HOOFDSTUK

VERNEPELING

Het volk in *'t Woppe vaan Zwaampe* heeft de naam traag te spreken, maar vlot te zingen. Het is een bijzonder nijver, muzikaal groepje dorpelingen. Begerig loeren ogen naar de handharmonica.
Het sfeertje in theehuis *'t Woppe vaan Zwaampe* kan muzikaal genoemd worden. Uit tientallen monden doet de blijgestemde drom theedrinkers dat metterdaad. De drinkers in de drom gebruiken hiervoor de synoniemen 'toonkunstig' en 'welluidend', terwijl een tegendraads varensmannetje met schelle stem het antoniem 'amuzikaal' over het scanderen van de andere bezoekers heentettert. Ons oor is geoefend om verschillen te discrimineren en pikt zijn stemgeluid eruit. We kijken om en herkennen de man van de zeteldekentjes. Hij lijkt hier wel zijn verdriet om de misgelopen nylons te verdrinken in deciliters Meng Ding Huang Ya.
Het valt stil en iedereen kijkt naar de man met de lege kopjes.
In de hoek zet een rare [*)] in lachwekkend hoog tempo, maar rond uit de borst en duidelijk, een arietta in. Voor wij goed vernemen dat het begonnen is, is hij al weer afgezongen en ontvangt een applaus. Nu richten allen zich op Theij, verwachtend dat hij er zijn handharmonica eens flink van langs zal geven. Theij is niet gek.
Hij zet zich aan de piano en speelt voor hen *'Vernepeling'*.

[*)] Rufelaard heet de rare. Dat wordt dan Ruffelin.

Vernepeling

Voor piano

Theodoor L. Haeseker

13
2:3
17
4:3
Non Legato!
21
24
27

30
33
36
Poco meno f
39
42

45
47
49
53
56
3:2

58
mf
61
64
mp
68
71
mf

75
2:3
2:3
2:3
3:2
79
3:2
3:2
3:2
3:2
3:2
3:2
8va
85
3:2
Legato
2:3
2:3
2:3
(8va)
89
2:3
2:3
2:3
2:3
(8va)
93
2:3

(8va)
96
2:3
2:3
99
2:3
2:3
2:3
102
2:3
ffff
4:3
2:3

TWEEËNTWINTISTE HOOFDSTUK

ER MIST IETS

We gaan op pad met het beurtschip naar het oostnoordoosten. Het zal de koudste dag van de week worden, dus nemen we warme lappen en teilen kokend water mee om het humeur van de reizigers op peil te houden. Thonis is kapitein. Hij zegt ons toe de hele koers te zullen bezeilen en niets dan rauwe vis en gloeiende thee te serveren. De wind is op dit moment zeer zwak uit het zuidwest ten zuiden, zodat het er alle schijn van heeft dat de reis grotendeels op de knikkerende en zorgwekkend reutelende, dubbelcilinder naftamotor gemaakt zal worden. De bemanning van de boot voelt hier niets voor. Thonis besluit dan ook om te keren en nogmaals het ontbijt bij *de Doode Vogel* in de haven van Zwamp te nuttigen. Tegen de klok van elven klonteren andere schepen in de kolk van de sluis samen. Tussen de havenhoofden van Zwamp is het zicht echter verschrikkelijk slecht. Varen zonder het derde oog is onverantwoord en Thonis zegt, met een aantal slappe borrels achter de huig, betere omstandigheden af te willen wachten. Omdat vele uren later de mist nog steeds niet opgetrokken is, moeten wij van Thonis de nacht in Zwamp door brengen. Op naar *'t Woppe.*

Later blijkt dat Zwamp die dag de enige plaats was waar mist hing. Elders was het zicht uitstekend.

DRIEËNTWINTIGSTE HOOFDSTUK

NEKE OBNE DRO OW ED AR GORTER

We trekken de kustlijn op die wij napluizen op leven en vinden een zoolgangersplaats waar de vrouwen houten schoenen dragen, waarmee ze klossen op de pier. De mannen lopen op blote voeten en hebben splinters in hun eeltdikke zolen. Ze vreten tofu, zo van het spit. De strandweg loopt vol met kinderen. Ze kelen kokendhete thee. Ze spelen met vuur en met varkens. Ze lenen, stelen en krijgen retrograde woordenboeken [waaruit zij lezen leren] bij boekwinkel *de Grijszwarte Pater*, gevestigd op het strand.
Het is een rustig dorp. Dat is anders geweest toen de grijszwarte pater, toen nog werkzaam als koster, 36 jaar lang de kerkklokken liet schallen over het dorp. Onophoudelijk, behalve op de hele uren. Dan was het ophoudelijk wat de grote uurklok sloeg gedurende het geldende aantal uren, maal vier seconden. Op de halve uren werd deze langverbeide stilte voorafgegaan door het zwijgen van het kleine klokje tijdens zes seconden. Na die 36 jaar kreeg hij zijn zin, zijn ontheffing en zijn boekwinkel van het gemeentebestuur. Johannes Jacobus heet hij [of andersom], maar noem hem liever Cakaert Cakaert om hem te laten luisteren. Want hier heeft men vreemde namen om te vleien. Cakaert Cakaert is hier niet geboren, zoals de 72 klanten aan zijn toonbank. Zijn naam past ook niet in het naamregister. Net zoals er trouwens geen x in voorkomt.

VIERENTWINTIGSTE HOOFDSTUK

WAARIN HET NAAMREGISTER OP BOERTIGE WIJZE IS WEERGEGEVEN

G	I	J	S	B	R	E	C	H	T		H	U	B		F	I	L	I	P	S
H			T		U				R		E		I		A		I			E
I			E	U	F	E	M	I	A		L	O	E	N	E		O			B
S	O	I	S		F			A	M	E	L		T		S	A	N	C	T	A
E			S		E			N			I		T					O		S
L	O	T	E		L	E	E	N	K	I	N		R	O	B	B	A	E	R	T
		U			I			A		T			I		A			L		I
P	E	R	O	E	N	N	E			G	I	J	S		L			K		A
E		I					P	O	L	E		A		A	L	I	S	E		A
R	E	N	A	U	D		P			N		N			O		A	N	I	N
			D		A	L	E	N	E		B	E	L	L	E		R			
J	U	D	A		N			E		M			U		Y	S	A	L	D	A
A		A	M	A	N	T		T		A	K	E	T					E		V
Q		N			E		B	A	T	E			A	M	A	B	I	L	I	A
U		I			E		I			Y		A			G			I		
E	S	A	B	E	L	L	E		G	E	E	R	M	A	N		H	A	W	Y
M		U					R		R			I			I		E			S
A	B	S	L	O	N		T		I	E	L	E			E		L	E	N	E
E			E		I	Z	O	L	E		A	N	N	E	T	T	E			R
R			I		J		U		T		E				T		N			E
T	H	O	N	I	S		L	E	E		S	A	N	D	E	R	A	E	R	T

De zestien winnende namen in de zoolgangersplaats zijn Lelia, Ianna, Pole, Izole, Peroenne, Stesse, Danneel, Biertoul, Geerman, Itgen, Coelken, Ruffelin, Thonis, Sois, Nijs en Faes. Zes hiervan vergeven we subiet met goed gevoel alsnog aan de moeder van Ome Cor, de fruitvrouw, de conducteur, de man van de zeteldekentjes, Rufelaard de tempozanger en Ome C.W.N. zelf. Stesse heette aldoor Terve, totdat hij Stesse werd genoemd. Een naam die je vaak aantreft bij houtvesters, brandweerlieden en blikslagers. Bij verdrietige familiegebeurtenissen jammert men deze naam en tegen schadelijke insecten schijnt het ook te helpen. Thonis heette [kapitein] Seglv. De tien resterende namen kunnen verderop nog wel in onze mars te pas dienen of we zullen ermee verlegen zitten.

Theo heeft opeens helemaal geen zin meer in het afleveren van de kousen. Hij geeft ze net zo lief aan Peroenne en Peroenne is er dolblij mee.

Thonis is eigenlijk wel uitgevaren en steekt zijn schip lek.

Ook Brandbaard besluit plots om plots te keren en koffie te gaan drinken in strandpaviljoen *'t Graf van Septica* aan de duin bij de zoolgangersplaats.

Het zetten van koffie duurt hier net even iets langer dan het bakken van een brood. Om het wachten te verzachten voorziet C. Cakaert in oertaaie kreeftdichtbundels.

Dan fietsen we op fietsen terug naar de gevel. Coelken op het stuur van Theij, de bel in zijn rechter been geprest. Thonis achterop bij Peroenne. Handharmonica achterop bij Thonis.

Cakaert C. blijft achter.

VIJFENTWINTIGSTE HOOFDSTUK

WAARIN WE LEREN DAT EEN BEPAALD MODEL VAN DKW MET EEN DRIECILINDER TWEETAKTMOTOR WAS UITGERUST

Terug aan de gevel draait Coelken zwijgend sjekjes - om de as - die we in een bakje op de toonbank zetten voor de rokende klanten. 'Pak je sjekje, ze staan ervoor', heeft Coelken op een kartonnetje geschreven. Om de andere dag komt Thonis tastend een sjekje pakken om dat op ons stoepje op te roken met een ijver als wil hij zich schadeloos stellen voor de vorige dag. We hanteren een strikt beleid omtrent rokers en hun rook. 'Binnen liever niet', heb ik op een kartonnetje geschreven. Thonis heeft eens een nylon bij ons gekocht, toen hij de arm van zijn vaderzegger af moest binden. Met amputeren was hij iets onoplettend geweest. In zijn pogingen om van de unieke zesde vinger af te komen, die eens tussen zijn pink en zijn ringvinger groeide, had hij een slagader geopend. Koud was de wond genezen of zijn vrouw Lelia ruimde het veld door kolkend van woede in haar DKW 3=6 MONZA COUPÉ te springen, de driecilinder tweetaktmotor naar 140 kilometer per uur te jagen en Thonis verwonderd in een stofwolk achter te laten. En al waren zij te ver van elkaar verwijderd om verwensingen nog verstaanbaar te maken, kon Thonis het toch niet laten haar 'das Krankenhaus wartet' na te blaffen. Het kind nam ze met zich mee. Sinds de aanschaf van die nylon beschouwt Thonis zich als klant en vindt daarmee dat hij recht heeft op de sjekjes.

Ik vul ondertussen de lucht met de lucht van balsemterpentijnolie als ik de laatste larve van het doodskloppertje bestrijd. Het gaat zijn leven nu in de kurkdroge, onbehandelde walnotenhouten kern van een van de winkelkasten laten. Ik zing hierbij halfluidkeels een uitdrijvingsversje dat zich kenmerkt door snelheid, minimalistische elementen en een mild neo-blasfemisch karakter. *'Och Eustachius, sta mij toch bij'* heet het vers. De gloeiende as, die uiteindelijk van *mijn* sjekpeukje in mijn koolzwarte verstreuvelde baard valt, die weliswaar een beetje smeulen gaat, maar zich eenvoudig doven laat, laat de uiterst brandbare handel ongemoeid. Jij staat daarbij de kousen ordentelijk op te tassen. Zelfs met je rechterhand verminkt tot op en met het bot: je doet het keurig netjes. Th. Lieve gooit vloekend een zeer zeldzaam dubbeltje weg. Het maakte zijn verzameling 'moeizame jaren' compleet en Th. geeft nu eenmaal meer om zijn verzameling 'incomplete verzamelingen'. Thonis drukt *zijn* sjekpeukje uit, zegt buiten tabé en stapt binnen. Binnen ja, want in de voorbije tijd hebben we de kousenhandel weer opgebouwd. Thonis staat later voor onze draaitafel en plaatst een EP-tje over het pinnetje middenop. Een septet van alt- en bastrombone, marimba, ud en teorbe, mond- en handharmonica doet ons van een slecht gespeelde jazz genieten. Het regent dat het regent en Thonis zingt een lied over een ander leven. Een lied, hier ver vandaan, voor basso profundo en EP-tje. Thonis besluit dan om te keren en nogmaals het ontbijt bij *de Doode Vogel* in de haven van Zwamp te nuttigen.

ZESENTWINTIGSTE HOOFDSTUK

LELIA

Niet eens zo heel veel eerder is in *'t Woppe* een vrouw aan komen zetten. Zij bestelt een M.D.H.Y. en een klap koek met uitjes.
De tempozangers vallen stil. Begerig loeren ogen naar de vrouw.
Zij heeft beschadigingen in haar gezicht die niets af doen.
Zij heeft een duivels snelle wagen.
Het is Lelia.
Ruffelin durft het aan om te vragen of ze Lelia kunnen helpen. Wie koek met uitjes blieft, kan immers altijd wel wat hulp gebruiken. "Wat zuuks de hiêr, vriêmd wiêf", vraagt hij.
Wat hierbij direct opvalt is dat in schrift zowel de */ie/*, de */ee/* als de */ ij /* in de tongval van de streek worden weergegeven met een */iê/*. In spraak echter betreft het hier evenwel drie substantieel verschillende klanken.
Lelia plempt een foto op tafel. Ze wijst op het knaapje in het matrozenpakje. Helaas vallen zijn handjes ruim van het beeld. Zo kunnen we niet zien of Cornelis Wilhelmus Nicolaas daar en toen nog met elf vingers behept was. Voorts zijn nog niet zichtbaar: de diep omkringde ogen, die hem in zijn latere leven zullen karakteriseren, maar al wel de oren die maken dat hij pruiken zal gaan dragen die daar ruim overheen kunnen vallen.

Alles is zwijgzaam behalve
de pendule die met zijn
bedaarde tikke-takke
de stilte doorsnijdt.

De kwakbaas tapt
een rondje thee van
het huis. Hij gooit
een schop antraciet
in de staalblauwe
haard en steekt
waxinekaarsjes en wat
stokjes wierook aan.

Sois en Nijs, twee koffie- en
theetoeleveraars, die juist een tuóchá
Pu Erh van drie kilo en een fāngchá
Matcha of vier zijn komen afleveren,
trappen hun laarzen uit
en stoppen hun pijpjes.
De witte tabakswalm
kringelt omhoog en
lost op in het duister
rond de haanhouten
en jukdekbalken.

De laatste heer wordt meesmuilend
gespeeld en de [retrograde]
kibbelpatiencers pakken hun
rietgematte stoeltjes bij de rug
en schuiven aan in de kring.

Sommigen roeren
honing door de thee,
sommigen roeren
kandij door de thee,
sommigen bloemetjes
schijnhulst.

De jaloezieën
gaan neer.
Een loodzware
teef ligt
behaaglijk
te dommelen in het kistje
aanmaakhoutjes.

De knip gaat
op de deur
en iemand is
zo wijs een
opgerolde shawl
voor de reet eronder te
leggen. Zo houdt men
hier de wind buiten en de
gezellige warmte binnen.

Er holt even snel iemand op
en neer naar de bakkerij om
148 dennenkoeken en de bakker.

Pagina 147 - Lelia plempt een foto op tafel

Iedereen spitst de oren als Ruffelin vraagt: "Wiê es da meiëdje"?

VIJFENVEERTIGSTE HOOFDSTUK

HOE -HOE BESTAAT HET?- OOK HIER ACHTTIEN HOOFDSTUKKEN ONTBREKEN

In de hoofdstukken 27 tot en met 44 is het bepaaldelijk niet saai geweest, zeg. Altijd durende zonde dat een alvernieler deze pagina's heeft menen te moeten besmeuren. Hier een korte samenvatting:

Hfdst.	*Resumé*
27	De drom dennenkoeketers is tot en in het derde en vierde ochtenduur aan de grote mond van Lelia gekluisterd geweest. Hoofdstuk 27 ontspon zich vanuit de geplempte foto. Alleen in zijn algemeenheid overigens. Kwaliteit van het gebruikte fotopapier, afdrukprocedé, plaatsing in de tijd en toegekende thesaurustermen.
28	In de er op volgende voormiddaguren bespreken ze de kleine Antje Johanna.
29	Lelia vertelt iets over zichzelf. Linksboven op de foto wijst zij zich aan. De mond onbevallig krampachtig als gevolg van de overstrekte elleboog, maar de rug recht. Dat kan niet gezegd worden van de man naast haar gezeten.
30	De man waar Lelia's moeder [rechtsboven] een beetje vies van is. Lelia vertelt er het fijne van.
31	Hier komt de man met de oren aan bod. Ruffelin heeft die oren eerder gezien. Twee paar zelfs. Eenmaal aan het hoofd van de man op de foto en eenmaal bij:

32 Ome Cor!!

33 Ruffelin heeft het klaargespeeld Lelia de informaties te geven die zij verlangde te hebben. Er verscheen een lach op haar gezicht en langzaam verzwakte de greep rond de keel van Sois, die het even tevoren nog waagde tegen haar op te staan, toen zij zijn puutje baaitabak, houten pijpstopper en gasaansteker van tafel veegde om ruimte te creëren voor de foto.

Dit is een lang hoofdstuk geweest, want ook het amechtig hijgen van Sois wordt beschreven, alsook de zogenoemde Wiederbelebung [= een Duits woord]. Hoe hij nukkig in de hoek gaat zitten, zich onttrekt aan het gezelschap en troostend zijn eigen keel streelt, staat er ook in. De koude haat jegens Lelia, het onvermogen hier vorm aan te geven, het onophoudelijk blijven roeren in zijn kopje Pu Erh, ja zelfs het er op volgende fabuleuze gewichtsverlies … het staat er allemaal in, in hoofdstuk 33, dat hier ontbreekt.

34 Hoofdstuk 34 bevatte, net als hoofdstuk 21, bladmuziek. De tempozangers voeren het in hun befaamde duizelingwekkende tempo en vlekkeloos uit. Dat is knap, want de tekst, die deze hele geschiedenis behandelt, vanaf Lelia's binnenkomst, via alles beschreven in dit hoofdstuk 45, juist tot aan waar deze laatste zin van pagina 152 over gaat, bestaat louter uit medeklinkers.

35 Dan hijst de teef zich uit het kistje aanmaakhoutjes en werpt een nestje. Dat verklaart gelijk haar zwaarte. De hondenjongen heten Yseret, Hawy, Per, Sancta, Anin, Neta en Eppe.

36 Lelia verlaat Zwamp [met Per en Yseret op de bijrijdersstoel] in hoofdstuk 36. Ze jakkert onvermoeibaar voort, omheen, door, door, door en even evenwijdig aan een spoorbaan, warempel zelfs langs veenmosrietland. Deze verlandingsvegetatie wordt uitgebreid beschreven. Van de aanwezige flora schieten me nu even alleen de grote ratelaar en de sierlijke vetmuur te binnen. De baardvleermuis fladdert er rond. De groene glazenmaker ook. Trap niet op een heikikker. Rijd het zandgebied dan binnen, de oude veenrug op, net als Lelia deed. Langs het water tot in Grtle. Al zitten we dan al in hoofdstuk 37.

37 Lelia laat zich drie pruiken aanmeten.

38 Lelia laat zich een gouddraad trekken.

39 Lelia laat zich een lijn draaien.

40 Lelia wipt even aan bij haar oud-collega's van de bibliotheek. Beetje keuvelen over de overbodigheid van Leidse boekjes in de huidige tijd en over het bestaansrecht van retrograde woordenboeken. Het staat inderdaad maar te verstoffen in de kast met naslagwerken. Open versus gesloten opstelling is ook een dankbaar onderwerp, blijkt maar weer in hoofdstuk 40. Net als inktvraat trouwens en het kwestieuze eigendom van ‘de Eigenaar’.

41 En daar begint de ellende weer. Het waterloopje waar dit uitgestrekt raadselachtig dorp zijn naam aan heeft verbonden behoort slechts diegene toe wiens naam eens goed te lezen was op de *copie figuré*. Althans, zo vindt diens laatste naneef. Er loopt in Grtle ook soms een afkomeling rond van haar, wier naam op de authentieke schenkingsoorkonde foutloos gespeld stond. Bij het facsimileren is het toenmaals mis gegaan. Deze twee lezingen werden weer even scherp gesteld in hoofdstuk 41. Ik heb toen niet getwijfeld of ik daar onmiddellijk het bewijsrecht zou behandelen, of de fatsoensnormen volgend, eerst iets anders en vervolgens helemaal niets meer zou behandelen. Ik verkoos het eerste, maar was daardoor helaas gedwongen dadelijk ter zake te komen.

42 In het daarop volgende hoofdstuk laaien de oude dorpstwist en zo ook de bibliotheekruzie weer eventjes fel op als Lelia langs de neus weg en fijntjes opmerkt dat het haar werkelijk spijt de *copie figuré* zo lelijk bezoedeld terug te zien. Wat we nu niet kunnen lezen in 42 deed denken aan 15, omdat het prutje weerom met toenaam wordt aangeduid.

43 Verder maar geen aandacht meer besteden aan hetzelve. Lelia maakt hierop maar dat ze een paar dagen weg komt. Toch, eerst nadat ze daar was, kwam ze ook weer terug in Grtle. Onnavolgbare vrouw met je obsessies en hardnekkigheid, waar was je nou?

44 Het is even inschikken als ook Antje Johanna zich in de DKW moet persen zonder daarbij Per en Yseret te kwetsen. De oude veenrug weer af en het dorp uit. Antje Johanna en haar tante in een karretje dat op de zandweg reed. Hoe de weg een paadje werd, ingebed tussen spoorlijn en waterloop. En Lelia stiller, Antje Johanna kleiner. Hoe de avond viel. Dat Per in de wagen achterblijft om de bekleding op te eten. Maar ook het hoofdstuk waarin uitgelegd staat dat het niet vreemd is dat de winkel open is op dit nachtelijke uur, omdat Peroenne knots werd van al die rokende klanten over de vloer en op de stoep. Ook van de deur, staat er in, die nu behoedzaam open gaat. Over Lelia die binnenschuifelt, om kort daarop - minder behoedzaam - de deur dicht te trekken en voor altijd het pad af te rijden op zoek naar de monding van haar rivier. Wij staan om en nabij Brandbaard in een goed bevolkt nachtkousenwinkeltje te kijken naar jóu, Antje Johanna. Het is een merkwaardige situatie, maar hij bevalt ons wel.

Alleen je bespottelijke naam staat ons tegen.
We noemen je daarom: Ianna.

IANNA

Ik leer moeizaam lezen.
Ik lees:

nolyn
reim
reip
reit
stei

Ik begrijp er geen sikkepitje van.
Ik neem een slok thee.
Ik brand mijn huig.
Ik scheld.
Ik vloek.
Ik tier.

Ik loop de strandweg af richting de pier.
Ik breng het boek terug naar de winkel.
Ik zet het in het krat waarop een kartonnetje is geprikt met daarop:
NEKE OBNE DRO OW ED AR GORTER

Ik beklaag mij bij Kakkerd, zoals wij de boekenleenman noemen, over het feit dat ik geen hond mag en me moet behelpen met een zwijn.
Ik denk niet dat Kakkerd de ernst inziet, want hij lacht me uit.

Ik bezweer hem dat hij me beter een echt boek kan meegeven om uit te lezen leren, dan me uit lachen.

Ik kijk argwanend naar Kakkerd als hij me een boek geeft over muziek uit het hoogland van Dekan.

Ik moet van hem aannemen dat ik me niet van de wijs moet laten brengen door het feit dat de inhoud mij koud laat, ik geen woord Engels spreek en enkel achterstevoren kan lezen.

Ik krijg te horen dat dit boek een lange weg heeft afgelegd voor het in deze winkel kwam en dat het van mijn grootvader is geweest en mij toebehoort.

Ik wijs hem op de brandschade aan het boek en vraag of het boek misschien van mijn grootvader over is gegaan op zijn zoon Add om vervolgens uit een brandende kousenhandel overgeschoten te zijn.

Ik schijn het niet bij het rechte end te hebben.

Ik maal daar niet om.

Ik luister dus niet naar het wonderlijke verhaal van het boek, der vlammen prooi ontrukt, of eigenlijk gewoon in de asresten van een kachel gevonden.

Ik begin liever weer over het onrecht mij aangedaan door mijn ouders inzake het niet willen geven van een hond.

Ik mag gerust van Kakkerd aannemen dat zij niet mijn echte ouders zijn.

Ik zal zien dat bepaalde zaken een keer nemen.

Ik wil wel heel graag een hond, maar van mijn varken wil ik voorlopig ook nog niet af.

Ik vrees het keer nemen van de zaken om die reden.

Ik zeg: "Zal je juist zien dat ik een hond krijg door mijn varken kwijt te raken".

Ik heb ook al een naam bedacht voor mijn hond.

Ik overwoog nog Aket of Gijsbrecht, twee knoerten van heggemulders uit ons dorp, te vernoemen.

Ik vond Yseret een betere naam, als hij niet al zo heet.

Ik prop een klein kreeftdichtbundeltje onder mijn trui, want mij laten kennen tegenover Kakkerd wil ik niet, maar lezen leren wel en dan niet uit een half verkoold boek.

Ik merk dat Kakkerd weeral verder is met zijn verhaal over de geschiedenis van het muziekboek en dus niet de volle aandacht voor mij heeft.

Ik roep hem tot de orde.

Ik doe dat door duidelijk te laten zien dat ik een boek heb gestolen.

Ik kan er op vertrouwen dat hij mij vergeven zal, aangezien hij eens monnik was, of zo.

Ik geloof dat de haat die de zoolgangers voor hem voelen, zijn oorsprong vindt in die periode van zijn leven.

Ik dacht dat het iets uit te staan had met klokgebeier op ongepaste tijdstippen.

Ik weet niet.

Ik laat Kakkerd met zijn geschonden boek, bekommerd en mismoedig achter zijn toonbank en ga - met een half oor - wat met mijn zeugke zitten spelen.

Ik zie ondertussen - met een heel oog - in het bundeltje staan:

Leven zal ik als alles is uitgebroed
Streven naar wenden ... mijn moeder bracht heldenmoed
Daardoor besta ik, want niets blijft half
Voor mij blijft het: teer of wonderzalf

Ik vermoed niet dat deze rijmelarij mij zo kan verrukken dat ik het werkje, of zelfs dit dichtstuk, uit zal gaan lezen.

Ik voer het boekje aan Yseret, mijn varken, dat zo heet tot ik een hond zal hebben, waarna mijn varken misschien wel Gijsbrecht of Aket zal heten, of Per.

Ik schaf bij boekwinkel *de Grijszwarte Pater*, gevestigd in de nabijheid van mijn rustige dorp, op het strand, een boekje aan dat meer op mijn niveau lijkt te zijn: *'Almanak voor ziekgeestigen en de verloren jeugd voor het lopend en komend jaar'*.

Ik blader direct door naar het hoofdstuk:
'Het luiden der kerkklokken'.

Ik snap nu beter waarom de mensen niet erg dol zijn op mijn goede vrind Cakaert Cakaert, die daar over het strand aan komt lopen om juist naast mij te komen zitten.

Wij zetten het op een zwijgen.
Wij moeten er haast om lachen.
Wij weten dat het zinloos is.
Wij laten ons echter niet kennen.
Wij wijzen elkaar met driftig gebarenspel op onvolkomenheden
in ons stil zijn.
Wij vrezen de eerste te zijn die spreken zal.
Wij lezen die vrees in elkaars ogen.
Wij luisteren aandachtig naar de stilte.
Wij voeren de spanning op.
Wij tieren binnenin op elkaar.
Wij bezweren onszelf dit soort spelletjes nooit meer te doen.
Wij leren elkaar beter kennen op deze manier.
Wij bladeren in de aangevreten resten van de kreeftdichtbundel,
alsof we met heel andere dingen bezig zijn.
Wij proppen ons vol met Gamonéu, kruis- en aalbessen,
aangezien je met volle mond niet spreken kan.
Wij lopen blauw aan als we ons verslikken in de zachte kaas.
Wij begrijpen dat dit niet de manier is en dat het op wilskracht
aankomt in plaats van op foefjes.
Wij roepen elkaar dan gelijktijdig toe dat de ander gewonnen heeft.
Wij snappen dat dit gelijkspel om een herkansing vraagt.
Wij schijnen daardoor niet in het minst onder de indruk.
Wij beginnen opnieuw.
Wij kunnen het bloed van de ander nu wel drinken.

Wij noemen onze tegenstander in gedachten een slechte verliezer.
Wij velen het niet dat deze een langere adem lijkt te hebben.
Wij willen winnen.
Wij zullen zegevieren.
Wij malen niet om de tijd.
Wij merken dat de zon onder gaat en de temperatuur omlaag.
Wij denken dat het de ander is die nu snel zal breken.
Wij kijken opzij en twijfelen aan deze gedachte.
Wij vloeken binnensmonds.
Wij overwegen dit buitensmonds te doen.
Wij brengen onszelf in een lastig pakket.
Wij krijgen het koud.
Wij zeggen dat het onbeslist zal blijven.
Wij mogen nu eindelijk voluit praten.
Wij beklagen ons over kou, stijve gewrichten en een droge mond.
Wij geloven nooit dat de ander echt had kunnen winnen
als we langer waren doorgegaan.
Wij schaffen onze vriendschap nu af.
Wij doen elkaar daar pijn mee.
Wij zien de ander nu als vijand.
Wij vonden de vriendschap altijd al zo-zo.
Wij branden de vijand af.
Wij schelden ons de huid vol.
Wij vermoeden dat we het menen.
Wij hebben gewonnen.

Nu is het stevig eten wat de kok slaat. Ik zit aan tafel geschoven en lees *de Menukaart van Septica*. Nadat ik alle letters in een voor mij begrijpelijke volgorde heb gezet, lees ik dat ik naast verschillende koffievariëteiten, kan kiezen uit biertjes, broodjes, kruis- en aalbessen, noten en mij onbekende kaassoorten. Na dat kiezen staat er alras een pul edelpilsener voor me. Lein maakt dan een geurig roggedeeg met azijn en chocola, stroop en oude koffie; met zemelen en zaden. Na negen kwartier rijzen, doorslaan, kneden en herrijzen, gaat het brood de oven in. Een uur later krijg ik mijn vijf sneeën pompernikkel met stoeptegelkaas geserveerd. In de hoek zit een luidruchtig stel reizigers die het zuur valt dat eerst het brood af moet zijn, voordat de koffie gezet wordt. Ze dragen potsierlijke pruiken, namen en laarzen. Er is een prachtige verminkte bij en een heel oud wijf dat naar heel oud fruit stinkt. Er zit er eentje verveeld op een kwetsjbuul te zaniken. Kakkerd stapt binnen en spuwt een oertaaie snotrochel in mijn richting - de viezerik - voordat hij het hoekgezelschap gaat lijmen met zijn onverkoopbare boekjes vol zinloos achterstevoren leesbare versjes. Ik weet door onze verleden vriendschap dat hij graag weg wil uit de zoolgangersplaats.
Hij bestelt voor hen schalen vol noten, om in het gevlij te komen. Om deernis op te wekken beschrijft hij hun een klokkenroof waarvoor hij gecompenseerd werd met een armetierige winkel.
De handharmonica wordt bestudeerd en bewonderd en men voert een gesprek over vergeten appelrassen. Hij moet aanzien hoe het gezelschap wegfietst zonder hem. Werkelijk onbetaalbaar.

Ik word wakker. Er loopt een straaltje bloed uit mijn oor. Ik zie flitsen licht achter mijn ogen. In mijn hoofd klinkt snoeihard Bulgaarse mars- en dansmuziek. Maar echt onredelijk hard. Spreken lukt niet zo aardig meer. Uit mijn mondhoek biggelt spuug. Mijn lichaamsbewustzijn houdt op ter hoogte van mijn navel. Ik heb een a-typische kater, doordat ik gisteravond iets te veel pilseners heb gedronken om de nederlaag van KK te vieren. De brandwonden op mijn handen kan ik niet eerder verklaren dan tot kort nadat ik een tumult hoor waaruit woorden naar boven doordringen over een afgebrande boekwinkel op het strand. De sfeer in *'t Graf* is tegen het hatelijke aan. Vroege strandwandelaars die neerstreken voor een kopje koffievariëteit proberen KK wat te kalmeren als hij met een kloofbijl mijn kamerdeur uit de sponning gaat hakken. Mijn leeftijd wordt daarbij als argument aangevoerd. Kakkerd vindt mijn zevenjarigheid geen beletsel voor het op gewelddadige wijze scheiden van het hoofd van de romp. Ik probeer de boel wat te sussen door vanachter de half versplinterde deur te zeggen dat zijn gehechtheid aan materiële zaken, zoals zijn suffe boekjes, van een ziekelijke kwaliteit is en zijn wijze van omgaan met tegenslagen evenzo. Nu voldoen de wandelaars niet meer en worden Gijsbrecht en Aket ingezet. Kakkerd laat zich pas kalmeren na de toezegging dat hij zijn oude functie als koster weer mag oppakken tot zijn in as gelegde nering weer herbouwd is en zijn boekencollectie op het oude niveau. Hij mag net zo lang en zo hard beieren als het hem believen. Kakkerd is de enige in het dorp die daar oren naar heeft. De deur van de kerk *) valt dicht. Je grijpt het klokkenkoord. Ritmisch en hard laat jij er de klepel het koper mee kaatsen. Wat lijk je ziedend. Ik ken je aardig, maar zó zeker niet. Het dreunen van de klokken detoneert iets met de Bulgaarse mars- en dansmuziek, maar dat geeft ook wel een soort kader aan het geluid.

*) De grijszwarte pater woont in een gangbare kerk, behalve misschien dat in het hof op de zerken van de verleden zielen zooldikten in duimen gebeiteld staan. Zij het uitsluitend bij de herengraven. Op de overzijdse damesgraven liggen meest laatste paren houten schoenen. De zolen naar boven gedraaid. Zo kan de ziel niet terug de schoenen aantrekken. In die zolen snijdt men laatste groeten. Later dan nu kán het zijn dat Cakaert een aggregaatje laat pruttelen, dat de stroom levert om het klokkentouw automatisch in beweging te houden. In zijn open haard stookt hij dan boeken. Plassen zal hij in het aquarium doen. Op de vloer liggen zeker lege brandspiritusflessen, buisjes Norit en blauw verkleurd witbrood. Verwaarloosd naar lichaam en ziel laat hij zich waarschijnlijk neervallen op een kerkbank. Met diep omkringde ogen kijkt hij. De mistevredenheid gutst hem uit die ogen. Zijn kalotje hangt scheef op zijn hoofd. Cakaert zal dragen wat eens een habijt was. Zijn borst is bleek. Zijn kaken zijn stijf opeen geklemd. Zijn lakrode slagaderen zullen zichtbaar zijn onder zijn ingedroogde huid. Zijn haar lijkt langer. Zijn verweekte weefsels gaan geleden hebben onder zijn drankzucht. Zijn beenderen zouden verbleken als zijn haren verwaaiden in de tocht die door de kerk trok.

Ik lijk daardoor de enige in het dorp te zijn die wel goedgemutst raakt van het gelui. Boven het klokkengeweld uit horen we de hysterisch overslaande stem van de grijszwarte pater verkondigen dat hij als gezeten burger en boekverkoper in de zoolgangersplaats door de schendige vernielzucht van het duivelsbroed Antje Johanna uit zijn deugdzaam bestaan verdrongen is. Nu begin ik me toch af te vragen of het tussen hem en mij nog wel goed gaat komen. Als kleine geste laat ik een tube zorgzalf voor je achter op de tree voor de kerk. Dat is heilzaam voor de blaren [*)] die je ongetwijfeld op je handen zult hebben nu je weer aan het klokkentouw hangt - iets wat je lang niet hebt gedaan - . Het wordt tijd dat ik eens een kijkje ga nemen op het strand. Op de strandweg dwarrelen mij flintertjes verkoold papier tegemoet en ruik ik een zoete brandlucht. Op het strand zie ik wat over is van je boekwinkel.

Hier staat een gevel op het strand.
Erachter heet het binnen.
Daar woedde felle boekenbrand.
Het zijn verkoolde zinnen.

[*)] "Alle dingen zijn onuitsprekelijk vermoeiend. Fabrieken, dingen, boeken, jij klein zwart gezield kind en de erven in mijn hoofd. Elke verandering is daarenboven achteruitgang: mijn vissen drijven met hun buik naar boven, de zon wil niet wanen, mijn mooiste boeken geven de meeste warmte, mijn aggregaatje loopt een tikje onregelmatig; mijn blaren zijn mijn kleinste probleem".

Met dat ik de smeulende puinhopen sta te bekijken, strekt zich de nek van de voorste uit de toegestroomden om de geblakerde deurpost heen. Ik moet even nadenken als zij belang stelt door me te vragen of ik de verkoper ben van deze prachtige, door het vuur aangevreten, boeken. Even later verlaat ze tevreden de gevel met onder haar arm het gewenste, vakkundig gehaast verpakt in ooglijk, door het vuur aangevreten pakpapier.
Er lijkt een markt te bestaan voor vlamverteerde handelswaar [*)].
Vooral de flink geschonden exemplaren van het *'Retrograde woordenboek van de Nederlandse taal'* en het *'Retrograad woordenboek van het Middelnederlands'* zijn erg gewild. De geur van gebluste brand in combinatie met het ruisend breken van de golven en het bijna constante gehamer op het klokkenkoper in de verte dragen bij aan mijn indrukwekkende verkoopsuccessen.
Het strand loopt vol met kinderen [zonder varkens, ditmaal].
Ze stelen dwarrelende flarden verschroeide boeken van mij. Ik bepaal en begrens dit. 'Buiten niets meer, binnen meer', schrijf ik op een kartonnetje en hang het op wat eens de buitenzijde van de gevel was. Hierdoor zijn de snippers zonder waarde geworden en zonder aandacht van de kinderen. Ik weet hoe ze zijn. Stelletje varkens.
Een halve week later ben ik door een aanzienlijk deel van de voorraad heen en sluit ik de gevel en sluit ik mijn ogen van de slaap.

[*)] *De aarde keert, kruimgezaaid,*
gewassen door het vuur gemaaid.
[uit: 'Voor ieder 1000' door Christopher Ons]

Licht getimmer klinkt op het strand. Je wordt er maar wakker van. Het zijn Hub en Lein die hun tenten opzetten pal voor mijn gevel. Vooral het gestadig opklinken van de kerkklokken in het dorp veroorzaakte mijn nieuwe buurmanlui veel misnoegen. Zij besloten *'t Graf* in de as te leggen en de zoolgangersplaats te verlaten. De uittocht begon deze morgen om vijf uur, in goede orde, niettegenstaande beiden nachtblind zijn. Struikelend en vloekend zijn zij toen het duin afgerold, elkaar bezwerend de tenten op te slaan waar zij tot stilstand zouden komen. Dat was tegen mijn gevel. Nu vormen wij dus een kleine nederzetting. De tent van Hub is zó ruim, dat een tweeënzeventigtal personen er zich vrijelijk in zou kunnen bewegen. Om die reden krijgt deze tent een centrale functie in onze nederzetting. Met witkalk schrijft Hub in stierenletters op beide lange zijden *de Tent van Hub.* Sommige zaken komen verbluffend eenvoudig aan hun naam. De tent van Lein is beduidend kleiner. Net geen 83 vierkante meter. We hinken op de gedachten om een religieuze bestemming toe te kennen of om er een HoReCaf-gelegenheid in te vestigen. Het laat zich raden dat we even later bodega *'Scheerlein'* feestelijk openen. Eens erna hebben we wel gezegd dat het vanaf hier allemaal nogal een vlucht nam. *Scheerlein* had een aanzuigende werking, de zeewind was doorgaans aanlandig en temperde het kabaal van de klokken en de mannen hielden veel van het gevoel van scherp zand tussen hun tenen. Kort en goed: binnen een week stond er een compleet tentendorp op het strand en zat Kakkerd in zijn uppie in zijn sneue toren.

De muziek kenmerkt zich door alledaagse, op *šupelka* gespeelde, rijk geornamenteerde, pakkende melodielijnen.

Terzelftijd legt de *kaba gaida* een solide basis voor de licht dissonante harmonieën die helaas niet echt tot leven gewekt worden door het razendsnel plectrumspel op de *bailama*.

Lekker dansbare ritmes in 22/16 en 13/16 maatsoort zijn onbetwistbaar eigenschappelijk. Op het strand: een dansweertje. De *tarambuka* en de *tapanče* zijn hoorbare trommels die - soms met tot wel 230, zelfs 240 slagen per minuut - voor deze dansbaarheid zorg dragen. Maar ja, onderschat het opzwepende effect van de fel geranselde *dajre* ook niet.

Twee hard circulair aangeblazen *zurli* weten trouwens al aardig te overtuigen door gedaante te geven aan een Baäl-Zebuliaanse, post-paganistische of een scherpe misantropische thematiek.

De supradominante modus van verwaarlozing, leemte, radeloosheid en verdoemenis ten slotte is alleen door het duotone gejengel van de resonantiesnaren van een authentieke Bulgaarse *gadulka* op te roepen.

En het schalt nog aldoor in mijn hoofd.

KNUPPELHARD *)

*) scheurt een DKW 3=6 MONZA COUPÉ over paden doorheen
kapvlakten, strijken bundels uit lampen overdwars steenkoolterrils.
Lelia wijst alles wat door haar hoofd zwermt af.
Met haar blik verspringend tussen de zwiepende
ruitenwissers door en vol zieling, gaat zij. Het ontgaat
haar niet dat de uren uiteen gaan en het nachtlicht zwindt.
Ver van de stad, met zijn ochtendgeluiden, stuurt zij haar
wagen, rustbarend voortvarend, gedachteloos voort.

In *Scheerlein* ondertussen is het niets dan zweren en wijzen
en elkaar lessen lezen, waarbij kaarters zich de wanghuid bijten
of bangelijk de ogen sluiten.
Onderwijl ziet men hen achteloos lage kaarten lossen om daarmee
de tegenspeler de oren te wassen.
Lippen persen zich opeen bij het smadelijk keuren van de geheimzin
die sommige spelers spreken, zonder zuiver te luisteren.
Ze kopen thee en nemen het wisselen van eigendom voor lief
of ranselen juist het tafelblad om hun woede te koelen.
Ze betalen soms niet.
Hard moeten we voor onze munten werken en om ons hier dan zo
te laten plukken?
Laat ons eens niet lachen!
We hakken en breken en maken de tent tot een berg stokken
en lijnen en zeilen.

Des anderen daags is het weer maaien, dan drogen de grassen
en stijgen de prijzen van hooisel en strooisel.
Het heet 'vegen na zagen en binden of wenden'.
Zo leeft men hier.
Waar al dat branden toe zal leiden blijft raden voor velen.
Nergens voor nodig.
Het branden niet.
Het raden niet.
Het velen niet.

Dan volgen implicaties. Lein is het niet eens met de staat van zijn tent. Hub stelt *de Tent van Hub* open voor belangstellenden en theedrinkers, bij afwezigheid van een deugdelijk lokaal. Dit drijft een wig tussen Lein en Hub. Het dorp deelt zich in proleinen en hubbisten. Binnen beide groepen bestaat nog een duidelijk waarneembaar spanningsveld op basis van de mate van irritatie veroorzaakt door het gelui van Cakaert Cakaert en de bereidheid om te vergeven of oplossingen te zoeken in deze langslepende kwestie. Het lijkt er wel niets mee te maken hebben, maar verstoort in die mate het deugdelijk vormen van twee conflicterende groepen, dat het hier toch vermeld wordt. 's Namiddags komt Cakaert zelf even een kijkje nemen op het strand. Het verbaast hem dat er zo lauw gereageerd wordt op zijn aanwezigheid en op de klokstilte. De aggregaat is definitief de maand maart niet doorgekomen en heeft zich aan de treurwilg naast de kerk laten hangen. Daardoor dus dat de klokken zwijgen. Cakaert heeft zelf geen plezier meer in de herrie en mist de tegendruk vanuit de bevolking.

Goed en kort: op het strand de proleinen en hubbisten lijnrecht tegenover elkaar en haaks daarop een niet zo graag geziene pater. Prachtige volvette varkens scharrelen in de windluwe duinrand. Er heerst een weertje. Op een duintop staat een stoffige sportwagen met een vrouw - met een zoekende blik - ernaast. In het duindal, buiten het blikbereik van de vrouw, zit een meisje in een almanak te lezen. *'Het zwijgen der kerkklokken'* heet haar hoofdstukje.

In de achterliggende duinpan, buiten het blikbereik van het meisje, zitten een paar doorgeschoten Bulgaren hartstochtelijk te musiceren. Zou er een hoofdstuk in de almanak aan gewijd zijn geweest geworden, had het zeker niet *'Het zwijgen der Bulgaarse instrumenten'* geheten, zeg!

Op het strand komt het tot een treffen. In het vuistgevecht gaat de gevel, die het ongeschreven centrum van het tentendorp was, tegen de vlakte. Eerst rolt er een winnaar uit de bus, dan wordt er vergeven. Bijna iedereen door iedereen; de pater niet.
De nederzetting wordt opgebroken en de dorpelingen trekken terug naar hun oude huizen in het dorp, waarvan hier eenmaals, eindelijk, de naam: Zool.

De muzikanten stellen zich op in een rijvorm. Андон[*)] laat een pracht van een bourdon uit zijn geprepareerde geitenblaas knallen. Богомил slaat het vocht uit zijn handen als hij de zwaarste maatdelen neerzet op die grote, o grote trom van hem. Костадин en Любомир breien de boel dicht tot een knetterende stroom slag-

[*)] Андон - Andon
Богомил - Bogomil
Огнян - Ognyan
Костадин - Kostadin
Любомир - Lyubomir
Лала - Lala
Станислав - Stanislav
Станислава - Stanislava
Станка - Stanka
Станко - Stanko
Желязко - Zhelyazko

werk. Огнян breekt zijn plectrum, maar weet dat vindingrijk op te lossen met een schelpje. De vedel van Лала [klinkt als een titel van iets] komt er eigenlijk niet bovenuit, maar dat zal haar worst zijn. De *zurli* versmelten tot een schreeuwend en nasaal complement van de doedelzak en dat hebben we te danken aan Станислав en Станислава. Ja, zo heten ze echt en dat is toeval. De laatste wordt voor het gemak wel meestal Станка genoemd, behalve wanneer Станислав net Станко genoemd is, want anders zou het juist weer verwarring in de hand werken. Het blijft gewoon steeds opletten. De walnoten fluit - die met de wondermooie naam *šupelka* gezegend is - speelt telkens een rits tonen in het tweede octaaf van zijn bereik. In het eerste zou je hem niet horen en Желязко is uit ander hout gesneden dan Лала. Het zijn tweeëntwintig tonen en bij elke herhaling varieert Желязко steeds een volgende toon, ofwel door deze te vervangen door een of meer andere tonen, ofwel door een andere omspeling dan in de voorgaande herhalingen. Na 484 tellen is de boel rond, spelen ze het geheel twee keer zo snel, nog iets harder en zetten zich in beweging, uit de duinpan, af de strandweg, op een zandpad. Ze laten Ianna's hoofd met rust.

De pater blijft achter op het strand met Ianna. Hij bouwt een soort kraampje van tentstokken en zeildoek. Zij verzamelt boeken die ze tussen de achtergelaten bezittingen vindt. Van alles wat over blijft maken ze een laatste keer vuur. De asresten gaan in de golven. Zo.

Lelia overweegt mij voor de vuist weg uit deze strandgemeenschap weg te grissen.
Ze vermoedt het dan aan de stok te krijgen met grootvormige figuren als Aket en Gijsbrecht.
Ze luistert voor het eerst in tijden naar haar eigen overwegingen - en dat is heel verstandig - en laat mij lopen.

Ze bezweert gelijktijdige pijn.
Ze beklaagt haar oververhitte lijf.
Ze begrijpt maar niet hoe deze duinwezens, deze zandmannetjes, deze draken van mensen, met hun blote voeten in het bloedhete zand kunnen lopen.
Het schijnt te wennen.
Lelia scheldt volmondig als haar zool openknapt op een achtergelaten metalen tentharing.
Zij gelooft niet dat haar dit kwalijk genomen zal worden in deze heidense omgeving, waar zij een kerk heeft gezien die meer wegheeft van een walvissenkarkas dan van een godshuis.

Er bladert koolpapier haar kant op.
Ze vreest te weten wat hier heeft plaats gevonden.
Ze vloekt om het feit dat pyromanie in de hele familie voorkomt.

Ze schaft een boek aan bij een zwerver die op het strand een boekenstalletje uit lompen en staken heeft opgetrokken.

Ze krijgt door deze aankoop tevens de informaties van de zwerver
die zij verlangde te hebben.
Hij brengt Lelia in de verborgenheid van bossages naar een
achterdeur van het walvissenkarkas.
Er brandt een reuzegezellig carbidlampje naast die deur.
Lelia begint te twijfelen aan de beweringen van de zwerver
dat niemand in het dorp dit deurtje weet te vinden.
Ze wijst hem daarbij op het carbidlampje.
Hij weet het verder ook niet, hoor.
Hij vond het gewoon wel een gezellig sfeertje geven, dat lampje.
De zwerver voert een voorbij trippelend diertje.
Er tiert wat onkruid - netels, onder andere - .
Hij snapt hierdoor dat het nu dan echt hoog tijd wordt om terug
naar het strand te gaan, waar geen plantjes groeien.

Mijn tante roept mijn naam: "Antje Johanna, dochter van Se",
waarna ik haar open doe.
Zij propt mij een valiesje in de hand en gebiedt mij dit te vullen
met hoognodige kleren.
Zij noemt mij voorbestemd en misplaatst en meer van zulke onzin.
Ze neemt mij overhaast mee uit het karkas.
Het moet weer raar lopen, duidbaar?

Er merkt niemand dat ik ga, behalve twee achterbankse hondjes.
Er maalt niemand om, beter gezegd; behalve varken Yseret.

Er loopt een pater op het strand.
Hij leest een retrograde woordenboek van achter naar voren.
Hij leert de woorden achterom uit zijn hoofd:

nolyn - nylon
reim - mier
reip - pier
reit - tier
stei - iets

Hij laat mij rustig gaan.
Hij kijkt hoe het wagentje door de duinen ploegt en zwaait.
Hij denkt voor het eind van zijn leven alle achterstevoren woorden
uit het boek voorstevoren te kunnen opdreunen.
Hij ziet nog even geen praktische relevantie van die vaardigheid.
Hij zet wel door.
Cakaert zegt: "Ejtretsneviaardletnak" en moet dan vreselijk lachen.
Cakaert zal mij nu vast snel vergeten.
Hij wil dat.
Hij mag mij zo graag, immers.
Hij kan nu de hele dag denken aan het vroegere gebeier
en tijdterwijl een beetje op zijn trombone spelen
voor strandwandelaars.
Hij heeft mij moeten vergeven.
Het doet ons goed.

Ik zou wel een besje lusten, maar fruit wordt er niet aangeboden op de markt in de eerste etappeplaats. Wel veel zaden en overbekende kwarksoorten. Er zijn nylonverkopers met goederen van denkelijke kwaliteit, maar van doenlijke kwantiteit. Aan de randen van de markt woekeren de zielverkopers. Meer naar het middendeel van het plein koop je kleedjes voor een schijn. Ik weet onder weinigen waarom er eentje zakken wolfsgerst verkoopt. Wie dan alles heeft wat op zijn lijstje stond, geeft zijn laatste geld om biertjes niet te versmaden. Liever daaraan gespendeerd dan aan de onverkoopbare boekjes van een verkoopman met een grijszwarte jurk aan. Iedereen zou nu wel een appeltje lusten of een besje. Het is even blijven zoeken naar de fruitvrouw die hier vroeger haar prijzen scanderend verbaliseerde. Alle marktkoopziektelijders kennen Peroenne bij naam: Petronilla. Haar warsheid van afdingerij wordt node gemist. Net als haar vruchten en haar hoogst originele scheldkanonnades. Ik beloof hun haar te zoeken en te proberen bewegen terug te gaan naar haar stek op de markt, al kan ik niets beloven. En weg ben ik in het gepeupel en gewriemel van de toegestroomden. Ik laat tante Lelia verwonderd in een marktvolk achter. Sfeertje, anders! Ik overtreed roodloden hoogten van bergen. Opwegend naar beneden: vruchteloze sneeuwakkers. Ik poets mijn gebit in vallende kolken en was mijn stoffige reislijf in kwade rivieren. Kaart spelen ze en lezen hun gazetje in de trein die ik dan het laatste eind neem. Daar is van alles te eten, te koop en koffie te ruiken. Op aanraden van een zekere Stesse stap ik uit in nergens anders dan Zwamp.

Aan de overzijdse kant van het station zie ik een huiskamerachtig etablissement met in de gevelsteen *'t Woppe vaan Zwaampe* gebeiteld. Daar ga ik alvast niet naar binnen. Ik hekel winkels en lokalen met namen in streektaal. Naast *'t W.* zit een hoedenmaker, daarnaast zit een hoedenmaker en daarnaast zit een hoedenmaker. Ik heb nu al een gruwel van dit dorp. Alles is hier nattig en de straatverlichting bestaat uit natriumgaslampen. Wolken stekende insecten. "Wat zuuks de hiêr, vriêmd kèn", vraagt een nurkse kerel. Ruim anderhalve minuut duurt zijn vraag. Niet eerder heb ik iemand zo traag horen spreken. Alleen de openingswee duurde al enkele seconden. Ik hoef niet eens te doen als verstond ik hem niet, gezien zijn afgrijselijke tongval die als excuus kan dienen om hem zijn vraag te laten herstellen. Om te lachen vraag ik dan: "Kunt u dat nog eens herhalen, nurkse man? Graag dan iets langzamer, aangezien ik niet van hier ben en uw dialect niet goed beheers". Twee minuten later antwoord ik dat ik wel een edelpilsje zou lusten en een sneetje brood met het een of ander matglanzend snijdbaars met kleverige korst bedekt met een roodbruine schimmel.
De nurkse man wijst over zijn schouder en vraagt: "Niet liever een theetje, anders"? Hij ziet aan de spontane trekken op mijn gezicht dat ik geen theetype ben en neemt me mee naar de haven voor een goed glas bier, getapt in *de Doode Vogel*, de watervaarderskroeg. Hier ontmoet ik een vent die zich voorstelt als kapitein Seglv. Hij zegt mijn stem te herkennen van zijn laatste reis die eindigde in het lek steken van zijn schip en het aannemen van zijn oude naam.

Naar zijn zeggen werd hij bij het steken honend uitgelachen door een groep varkens en kinderen. Volgens hem ben ik een van de kinderen. Ik ontken vaneigens. De nurkse man - door kapitein Seglv eenmaal Rufelaard en tweemaal Ruffelin genoemd - lijkt ook tot een slotsom te komen. Hij zegt: "Och zòe... diê bes da meiêdje"! Ook weer een kleine twee minuten.
Ik snap er ondertussen geen snars meer van en wil wel weg uit dit dorp vol gekken. Dat schijnt nog niet zo eenvoudig te zijn. Eerst zal ik moeten wachten tot de boterdikke mist is opgetrokken, die als een molton over het dorp ligt. Ik heb geen spoor van mist gezien, maar kapitein Seglv verzekert mij dat je buiten geen twee stappen kunt zetten zonder te struikelen of tegen een ding aan te lopen. De nachtblindheid van Hub en Lein nog vers in het geheugen, geef ik hem maar grif gelijk. Ruffelin fluistert mij toe dat Blinde Thee dagblind is en dat zijn bijnaam Blinde Thee luidt. Thee komt van Thonis, zoals hij heette toen hij nog voer. Jezelf kapitein gaan noemen, nadat je je schip hebt laten zinken, noem ik straffe tabak. Bij de woorden thee en tabak vangen wij de aandacht van twee mannen met laarzen en baardbrandertjes. Sois en Nijs stapten binnen. Sois herkent mij direct van een zekere foto en kijkt mij ergdenkend aan. Mijn begrip van de situatie daalt zoetjesaan. Nijs maakt de jongste geschiedenis van Sois aan mij bekend. Koude haat en strottendood, een kwaal van de donkere tijd. Ik herken mijn tante Lelia in hun omschrijving. "Ik schudde haar juist af en ontloop nu", verzeker ik Sois. Wij raken elkaar hierdoor toegenegen. Het gevoel

van verbondenheid van Blinde Thee had ik al, doordat ik de eerste was die hem ooit zei: "Zo zo, dikke mist, nooit onderschatten hoor, dikke mist. Een gevaarlijk weertje. Weduuwmaker. De witte dood. Daar komen brokken van. Voorlopig maar even binnen wachten en hopen dat hij buiten blijft".

Samen belooft men mij stiekempjes naar het volgende dorp te brengen. Daar zal men toch zeker wel weten waar ik die Peroenne kan vinden waar ik steeds over loopt te kwezelen. Nijs gaat waar Sois gaat, dus Nijs gaat mee. Ruffelin kan eenvoudigweg niet achterblijven. We vertrekken 's nachts aangezien Blinde Thee dan haarscherp ziet. Daarom loopt hij voorop. Hij kijkt strak voor zich uit en niet een keer om naar ons. Hij zegt ons dat hij wijst naar bijzonderheden in het landschap. Het is zo donker dat we hem maar op zijn woord moeten geloven wat betreft dat wijzen. Ik loop met mijn gezicht plat tegen een enorme boom aan. Dat kan venijnig pijn doen. Sois en Nijs houden elkaars hand vast. We zien geen steek. "Maar alles beter dan de mist", zegt Blinde Thee glunder.

Vervolgens lopen we het doesland in. Dat hoeft hij ons niet te zeggen, want we voelen ons tot de enkels in de drassige bodem wegzakken. We lopen een zeldzame huidziekte op, we eten wilde vruchten, we doorlopen verschillende, vrij negatieve gemoedstoestanden. Ook hebben we spijt van het nachtelijk reizen. De mannen scheren zich op de tast tot de vellen erbij hangen. Koffie zetten is een hele klus. Fransois trapt in het duister het koffieketeltje om. Denijs gaat er op staan, waardoor het in de prutgrond verdwijnt. Uiteindelijk weet ik het alweer boven te krijgen, waarna we koffie maken met modderwater op een vuurtje van textiel. In het schijnsel van brandende zeteldekentjes zien we elkaars gezichten oplichten. We schrikken van de toestand waarin we verkeren en die van die gezichten af te lezen is. Thee klaagt over een flard nachtnevel, waardoor hij verstoken blijft van gezichtsbeeld. Ons tegoed doen aan vrolijke overpeinzingen zit er deze nacht niet in. Tegen het krieken horen we - hoe kan het ook anders - de zachte, metaalachtige contactroepjes van de baardman. Het zicht van BT holt achteruit. Dit wijt hij aan het verraderlijke miasma 't welk opborrelt uit de plompen en dat ons probeert te verzieken. Denijs en Fransois zetten samen een heerlijk geurend aardewerken kannetje thee. We drinken uit flinterdunne porseleinen kommetjes die zij in hun rugzakken altijd meedragen. Goed ingepakt, dat laat zich raden. De geur heeft ons wel op het verkeerde been gezet, want de thee is niet om te zuipen. Toegegeven, hij ruikt voortreffelijk. Gek, eigenlijk. Nu, het moest maar eens afgelopen zijn met het doelloos oplepelen van de bijzonderheden, voorgevallen gedurende onze tocht. We bereiken de rand van het onland. De heren denken dat ik het vanaf hier alleen af kan. Ik schijn nog wat rechtuit te moeten gaan over een oude veenrug, waarbij zij mij natuurschoon beloven en lichte ontbering in de vorm van wolken vuurjuffers, maar dan moet ik wel kunnen aankomen in Grtle. Als afscheid wuiven we naar elkaar. Ze draaien om en lopen het zomp weer in. Blinde Thee aan de hand. Hij moest eens weten.

Lieve Cakaert,

Ik ben kostganger in een eigenaardig dorp met een naam met teveel medeklinkers. Kijk ik naar buiten dan zie ik de sportauto van mijn tante driftig rondjes rijden. Jij kent haar wel. Je hebt haar in Zool op mijn spoor gezet. Ik hoop dat daarmee vooreens onze rekening vereffend is. Ik jouw boekwinkel platbranden, jij mij verlinken.

Ik had mijn zinnen gezet op het bezit van een alleraardigst riviertje dat hier door het dorp stroomt. Dat zul je wel leuk vinden om te lezen. Jij hebt immers een zee. Waterbezitter zijn en aangespoelde rivierlui fatsoenlijk ter veen te bestellen. Zou dát nou niet reuze zijn? We zouden dat zelfs samen kunnen doen. Ik de administratieve kant, het opkalefateren van de drenkelui en het veendelven en jij de redes aan de kuil. Ik heb eens een balletje opgegooid bij de plaatselijke leeszaal die hier ook een soort centrale informatiefunctie vervult. De librarius keek mij argwanend aan en wees mij dwingend het gat van de deur. Zij vloekte erbij.

Een andere mogelijkheid tot dagbesteding is dat ik in de leer ga bij een van de plaatselijke pruikenmakers. Daar zijn er hier niet minder dan drie van. Verdraaid goede ook, want hoe ik ook mijn best doe, ik kan niet ontdekken of men hier pruiken draagt of eigen haar heeft. Maar ja, als ik het vak dan onder de knie heb, wil ik natuurlijk wel mijn eigen pruikenmakerij hebben. Dat maakt dan vier. Het lijkt me dat daar de spoeling iets te dun voor is. De overige ambachtslieden willen mij niets leren en boekbewaarder worden zie ik al helemaal niet zitten. Zeker niet na het akkefietje in de leeszaal. Daarbij komen boeken me ondertussen wel de strot uit. O, voor ik het vergeet, de *'Almanak voor ziekgeestigen en de verloren jeugd voor het lopend en komend jaar'* en het half vlamversleten *'Music of Southern India and the Deccan'* heb ik naast je open haard achtergelaten. Je moet zelf maar zien of je ze nog opstookt.

Wat nog wel grappig om te vertellen is, is dat ik vanacht van Zwamp naar hier gebracht ben door een aantal onalledaagse venten. Kun je je nog die zeeman herinneren die geen steek zag? Dat was er alvast eentje van. Hij blijkt voordestijds een minnarijtje te hebben gehad met mijn tante en ook een mij onbekende neef mee te hebben grootgebracht. Die relatie is kapot gelopen toen hij stukjes van mijn neef ging afsnijden. Wat een krankzinnig verhaal hè?

Nou, het zal er ondertussen maar eens van komen dat ik naar buiten ga om mijn tante op te zoeken. Niet om haar, maar om de honden die achterin de auto zitten. Een daarvan is immers nu eindelijk van mij.

Tot hier loopt mijn brief, Cakaert. Ik geef je mijn keu die, net als ik, zeven jaar oud is en - niet als ik - Yseret heet.
Jij noemt haar maar Ianna.

MECHMET IBN MOULAY

- I -

(ome/onkel) CORNELIS *(cor)* WILHELMUS *(willem)* NICOLAAS *(coelken/nikolaus/laes)* K.

In de monumentale voordeur uit 1859 zat nog een origineel, getrokken glazen ruitje uit 1919. Fonkelschoon door het dagelijks poetswerk van Peroenne. Ook de deurklinker schittert in het maanlicht als hij naklingelt, langer dan het gerinkel van de resten van het ruitje dat uit de glasroeden klapt.

Er staat een pui aan het pad.
Door de half glasloze deur zie je een viertal
rondom een meisje van zeven.

Ze zeggen geen woord.

Er ligt glas in scherfjes verstrooid over het zand.
Niets valt er te lezen op het hangbord in het duister.

Zegt men werkelijk geen woord?

Met iele acht knikt zich planmatig een hoofd - van hetijd
een ander uit het viertal - naar Antje Johanna K.

Merkwaardig dat men geen woord wenst te zeggen.

De kartonnetjes met rookwaarschuwingen warrelen in de venijnig koude wind die door het kapotte venster van de deur loeit. Als jij er een wilt oprapen, valt je hand op een zeer zeldzaam muntje.
Je steekt het met een overdreven parmantig gebaar in de zak van je kleedje. Uitdagend kijk je ons erbij aan. Je hebt vast eerder gestolen. Het hondje, naast je voet, maakt een keelziek, hoog gierend geluid. "Hij gromt", zeg je. Gelijktijdig stijgt er een broomdampige asem op uit zijn rotte waffel. Om die kwareuk antwoord ik: "Gromde hij maar alleen en riekte hij niet zo". Hiermee zijn de eerste woorden gesproken. Met mijn ogen kijk ik je eens goed aan om te zien dat je op me lijkt. Niet alleen zoals je voor me staat, maar ook op de beduimelde foto die je bij je draagt. Je laat hem de kring rond gaan. Met schaamte zie ik dat ik vroeger in matrozenpakjes werd gehesen. Jij draagt je haar nu nog als toen. Van je huidige oren kan ik me dus geen beeld maken. Ik draag een pruik om die oren. Maar je lijkt op mij en ik vind je prachtig. Even los van je strijdzuchtige uitstraling. Ik kijk vluchtig naar je handen om je vingers te tellen en eventuele gapingen ertussen. Zo op het eerste gezicht lijken ze me dik in orde. Ik verberg mijn rechterhand. Je mocht eens afknappen.
"Zo ruiken alle varkens. Dat komt door het vullis vreten". Zo begint het gekeuvel al lekker op gang te komen. Zal ik je zeggen dat je varken een hond is? Liever probeer ik het gesprek een constructieve wending te geven door je te vragen of je toevallig al aan een naam hebt gedacht voor je varken. "Yseret, heet hij", antwoord je, "en het is een hond, schaapskop, met je flaporen en mismaakte tengels".

- 2 -

THEODOOR *(theij/theooke)* LIEVE HAESEKER

De deur dreunt. Theodoor Lieve Haeseker steekt een sjek aan en speelt een wisseltonig wijsje op de handharmonica. Het kenmerkt zich door zware stroperige bassen en een ongerijmde ritmische complexiteit als basis voor een radicale expressie. Hij kijkt naar het meisje, terwijl hij speelt. Zij lijkt op Peroenne, vindt hij. De apoleotische wind die door het gat in de deur komt, lijkt beiden niets te doen. Zit dat in het ras of zo? Ze lijkt ook een heel klein beetje op Alida, die vast nog op haar kousen zit te wachten. Deze hier draagt wollen sokken, is pas een jaar of zeven en geeft een foto door. "Da's Ome Cor", denkt hij als hij de foto ziet. "BraBa", loeit Theooke verheugd als hij dan de man op de foto ook al weet thuis te brengen. De hond die bij het kind is meegeleverd, slaakt een gil van vervaring. Ome Cor lijkt het nodig te vinden de boel op de spits te drijven. Theij - op zijn beurt - kijkt, geveinsd kalmpjes, neer op het goed gebekte orenmannetje. Opvallend vindt hij dat de knaap de rechterhand schielijk achter de rug steekt. "Hij heeft een pruik op, beste meid. Hij heeft namenlijk nog net zulke oren als op je foto. Ook al houdt hij nu zijn handen ruim achter zijn rug, ik kan je vertellen dat hij eens elf vingers heeft gehad. Tussen pink en ringvinger heeft een extra vinger gezeten". De straflustige gal gutst Cornelis uit de karakteristieke diep omkringde ogen. Hij worstelt

niet langer met één van zijn vragen. Brandbaard is te snel geweest met vertrouwen schenken. Ome zal niet al te veel waarde meer hechten aan zijn mening en zijn inzichten.
Johanna kijkt Theodoor aan en daar is alles mee gezegd.
Hij gaat verwezen in de hoek zitten, onttrekt zich aan het gezelschap en bespeelt troostend zijn handharmonica. Er klinkt een droevige melodie over een jonge vrouw met ijskoude benen die, in een zeehavenstad honderden kilometers verderop, vruchteloos wacht op de terugkeer van haar verloofde. Zij had hem er op uitgestuurd om een paar kniehoge kousen van pongé bourette, maar het loopt anders. Keiharde zakenlui bezwendelen de verloofde door hem kousen van nog slechtere kwaliteit zijde te verkopen en hem daarvoor nagenoeg zijn hele reiskapitaal te rekenen. Later trekken zij samen op, waarbij er toch nog een hechte band ontstaat. Het middendeel van de melodie, waarbij de harmonica stevig gegeseld wordt, staat voor het roerige middendeel van de reis. Daarna gaat het pas echt mis als de verloofde in beginnende ontrouw de kousen aan een reisgezellin schenkt. Hij voelt dat hij nu niet meer terug kan naar zijn geliefde en vanuit dát sentiment misgunt hij twee jonge mensen hun bloesemende gevoelens.
Peroenne stroopt haar ruwe grège kousen af en geef ze aan Theodoor, die zich verheft en vertrekt. Hij steekt een tabakje aan en herbegint zijn reis. In heel zijn jonge leven heeft deze Theodoor nog geen jonge vrouw in zijde kous gezien, maar over een paar dagen zal het zijn lieve Alida Pieternella Hendrika zijn.

- 3 -

ADD *(brandbaard/braba)* K.

De deur van mijn zaakje zwiept dicht. Zo hard dat het glas in het rond vliegt. Het zal mij alvast nooit duidelijk worden wat je ongewoon felle aftocht van het pad heeft veroorzaakt. Je mompelde iets over voorbestemd en teerachtige substantie en meer van zulke onzin. Kort daarvoor liet je de dochter van mijn broer Se bij ons achter. Ik ken je amper, maar zó zeker niet.
Ome Cor, de sukkelaar, probeert een gesprek een wending te geven door te vragen of er toevallig al varkensnamen in beeld zijn. De sfeer in kousenhandel *Brandbaard* mag vanaf dat moment gerust verwarrend genoemd worden, maar niemand die dat doet. Er ontstaat een romance tussen het kind Cormelis en het kind Johanna. Daar wil ik niets mee te maken hebben. Ik loop naar de wortelhout gefineerde koelkast en haal daar wat trychlooræthyleen en cyclopropaan uit. Ik ga mijzelf anæstheseren om mij te onttrekken aan het gezelschap. Helaas ben ik wat onvoorzichtig met de cyclopropaan. Een daverende explosie maakt mijn zaak grotendeels gelijkvloers. Petronilla Vierdinc uit 1859 is goeddeels gespaard gebleven. Zij is vastbesloten mijn zaak opnieuw op te bouwen. Coelken en Ianna zullen toch een nerinkje moeten hebben. Zeker aangezien zij over zeven jaar een kind verwachten. Mechmet Ibn Moulay, heet ie.

- 4 -

PETRONILLA *(peroenne/peroenkin/peerke/pieternilligie/per/neel)* VIERDINC

"Je opa Brandbaard kreeg je vader in de schoot geworpen. Pilliphus Willem Laes, had hij kunnen heten. Laes kon zien hoe zijn vader als een menselijke fakkel tussendoor de uiterst brandbare handel rende. Een gouden zet, naar later bleek.

Waar was Brandbaard met zijn hoofd, toen jouw grootmoeder de tweede keer binnen stapte? En was het dan echt zo druk die dag dat hij zijn eigen broer niet herkende in de man die zijn zinnen zette op een bijna niet aangebrande nylon? Dat Se zelf niets in de gaten had, kan komen doordat hij bij daglicht niet meer dan enkele centimeters zicht heeft. Of kon Brandbaard niet aanzien dat de moeder van zijn Laes, broer Se, van wie zij jóuw moeder Antje Johanna onder het hart had gedragen, met anderhalve slag ontzinde?

Willem Laes zal het vóórkomen van het zeemanstype niet herkenbaar genoeg hebben geacht. Zijn vroegste herinnering is niet de amputatie, door deze zoonzegger rommelig uitgevoerd, maar de beslissing van zijn moeder om niet alleen haar tweede man - of eerste behuwdbroeder - , maar ook haar moederzegster in de verwonderde stofwolk achter te laten. Het was de donkerste tijd van Willem Laes. Zijn karakteristieke diep omkringde ogen stammen eruit.

De dagen erna reizen ze. Weer duikt Se op. Brandbaard leek geroerd. Weer duikt Se weg. Ketterend verschijn ík ten tonele [al is mijn geschiedenis ouder]. We treinen wat door de best afwisselende omstreek. Terug in Zwamp treffen we - Eustachius betere 't - Se. Zijn bewandelde weg liep blijkbaar ook van z. tot z. Een reismakker van Brandbaard begint korzelig *'Vernepeling'* te spelen. Deze tarting komt niet aan, want Se - onder de deknaam Thonis gaand - heeft zich nu voorgoed - in de functie van scheepskapitein - bij het gezelschap aangesloten.

Dan wordt het interessant. We komen aan in Zool waar jouw moeder Ianna ondertussen woonde. In een lokaal strandpaviljoen kreeg zij Laes in het oog, maar haar toenmalige geliefde rook lont en hield ons groepje vakkundig bij haar weg door opdringerig versbundels aan te bieden. Hij propte ons vol noten en zeverde onze oren van de kop over kerkklokken en vergeten appelrassen. Ene Lein vulde ondertussen de lucht met de lucht van azijn, chocola, stroop en oude koffie. Op verse koffie konden we eindeloos wachten. Kotsbeu van deze atmosfeer verlieten we overhaast *'t Graf van Septica*. Johannes Jacobus - zo heette hij en Cakaert genoemd - dacht zege te kunnen vieren. Zoönozel, Zoönozel.

[Dat Ianna haar vader niet herkende laat zich verklaren uit het feit dat háár vroegste herinnering niet de foto is, die je daar aan muur ziet hangen, maar het moment daags na de vreemde beslissing van haar moeder om haar in Zool onder de hoede van een pater groot te laten groeien. Je moeder in een sportwagen weg zien racen, waarbij ze jou in een gruisnevel bij een vreemde snuiter in een grijszwarte jurk achter laat, kan elke herinnering van daarvóór permanent uitwissen].

Je moeder verbrak onzachtzinnig de relatie die, ondanks het leeftijdsverschil, tussen haar en haar hoeder was ontstaan en opperde een vriendschappelijke omgang. Pas als zij zinnebeeldig hun woelige verleden aan de vlammen en golven hebben gevoerd, kan zij op zoek naar de prachtige mismaakte.
Een voor haar heilrijke wending, kort na het begin van de reis, zet haar op mijn spoor en daarmee, al weet zij dat dan nog niet, op dat van Laes. Bestemd of voorvallig is het haar ongekende vader Se - onder de deknaam Kapitein Seglv gaand - die haar tot in de dichtbijheid van haar einddoel brengt. Hij moest eens weten.

Wie niet langer nodig is of blijven wil, vertrekt op eigen wijze. Laes en Ianna komen eindelijk aan elkaar toe. Dat was veel jaren geleden. Laes en Ianna bestaan zelfs al niet meer.
En jij, Mechmet Ibn Moulay, jouw naam is te lang. Ik noem je MIM.
Je bent kousenhandelaar. Of je het wilt of niet".

- 5 -

MECHMET IBN MOULAY *(mim)* K.

MIM weet niet dat hij aan de piano zit. Hij geniet van de muziek die wonderwel bij hem aansluit. Het zijn preludes en etudes.
Hij speelt uit wat hij weet en keert van alles om. Het besef begint in zijn voeten als hij ontdekt dat zijn hoofd daar bezig is met pedaalgebruik. Van schrik gooit hij de klep van de piano dicht.
Dat is pas een mooi geluid. Jammer dat hij maar niet kan ontdekken hoe je dat geluid nog eens moet laten klinken. Gelukkig kan je wel doen alsof. MIM kijkt strak voor zich uit en verbeeldt zich dat het geluid er is. Hij probeert de leukste etude te spelen op de klep. Het zachte tokken van zijn vingers op de klep past mooi bij het loze pedaalgebruik. Dof klokkend springen de pedalen terug tegen het vilt. Misschien beter de metronoom op 218 zetten. Beiaardier had hij moeten worden. Preludes beuken op de klep. Hij schopt het hout onder het klavier aan splinters. Waarom komt er nou nooit eens iemand kousen kopen? MIM schreeuwt de namen van zo veel mogelijk noten die hadden gepast bij de klusterakkoorden die zouden hebben geklonken als hij de klep open had weten te houden.
Ach, daar komt een klant. Zij drukt de klink van de deur neer en duwt, maar MIM heeft de piano strak tegen de binnenkant van de deur geschoven. Zij krijgt de deur niet open. MIM smijt de klep van zijn piano open en speelt. Hij kraait er overheen dat iedereen

zo veel mogelijk kousen moet kopen. Zij bedenkt zich. Waarom komt er nou nooit eens iemand kousen kopen? MIM schreeuwt de namen van zo veel mogelijk mensen die hij met elkaar in verband brengt, omdat ze nooit eens met hem willen kousenhandelen. MIM ontdekt dat hij aan de piano zit. Van schrik springt hij op en duwt de piano weg van de deur. Hij opent de deur van zijn winkel. Vroeger, toen hier nog een hond was, had het nog zin. Dan ging de hond - Ys, heette hij - naar buiten of juist naar binnen. Nu stroomt er alleen nog frisse veenlucht naar binnen en van die kleine mugjes. En ontstellend veel mensen die kousen willen kopen. Dit laatste is niet waar. De mensen vinden MIM een beetje raar, met zijn giraffeachtige hoofd. Heel breed bovenaan, grote donkerbruine puilogen en een smal ondergezicht met een overbeweeglijke bovenlip. Peerke niet. Zij vindt hem altijd lief. Zo nu en dan koopt ze kousen van hem. Dan doet ze alsof ze een klant is. Ze past dan alle kousen en laat zich adviseren. Tussendoor rent MIM soms naar de piano. Peerke zegt dat er geen piano is en dat MIM kousenhandelaar is en geen pianist. Dat het net zo vreemd zou zijn als een pianist tijdens een concert zou opstaan en aan de benen van de dames op de eerste rij zou gaan voelen om te zien of de kousen geen rimpelingen geven. MIM vindt dat een valide argument en vraagt zich even af waar hij een piano dacht te hebben gezien. Als alle kousen in haar maat uitgestald en gepast zijn maakt Peerke haar keuze. Ze geeft MIM genoeg geld om een week tabak, vloei, spijs en toespijs te kopen en vertrekt via de voordeur. Door de steeg naast de zaak komt ze bij de achterdeur. Ze loopt de winkel daardoor binnen. MIM is druk bezig met het opruimen van de niet verhandelde kousen. Zweet drupt hem langs zijn gezicht. Als hij Peerke ontdekt, gilt hij dat hij een paar kousen heeft verkocht en de piano erbij. Het gaat goed met MIM, vindt MIM. Peerke zegt dat het nog beter met hem zal gaan na een slaapje. Daar denkt MIM anders over, maar haar warme melk slaat hij nooit af. Warme melk met poeder. Peerke sleept hem naar de bank en dekt hem toe. Peerke, Peerke, wat zorg je toch.

"Slaapt hij, Neel", vraagt Bogomil in het voorbijgaan. "Nog minstens anderhalve dag, hoor", luidt haar antwoord. "Dan zal ik de vrouwen sturen", zegt Bogomil. Talrijk zijn de vrouwen in zijn nageslacht en verzot op kousen, maar doodsbenauwd van de krankzin van de kousenhandelaar. Zolang Neel - zoals men haar hier kent - hem met haar poeders onder zeil houdt en zij de zaak bestiert, durven zij binnen te komen om op kosten van Bogomil - die een fortuin als trommelslager heeft gemaakt - hun Bulgaarse, half-Bulgaarse en kwart-Bulgaarse benen te hullen in de prachtige kousen uit de voorraad van MIM. Zo gek als hij is, zo mooi de kousen die hij verkoopt. Alles tot in de puntjes verzorgd. Tot de meelblanke doos aan toe waarin de kousen verpakt liggen. Op het deksel prijkt als beeldmerk een man met een vlam onder zijn kin. In zilverdruk staat er *'Kousenhandel erven Brandbaard'* onder. En MIM maar niet snappen waarom zijn gerestaureerde wortelhout gefineerde winkelkasten steeds halfleeg zijn als hij wakker wordt.

- 6 -

TRUI K.

Niets Bulgaars aan. Aan die hele Trui niet. Gewoon een meidje van het dorp Zand. Gewoon dochter van een Johanna Theresia. Gewoon grootvader Eno. Uit een geslacht van molenaars. Zij is dol op slapende mannen. "Mag ik nog eens naar hem kijken, Neel", vraagt zij nu voor de vijfde zenuwachtige keer vandaag. Neel laat haar bij. Met tegenzin. Zij weet hoe de lijnen lopen. Net als wijlen Brandbaard deed. De laffe vluchtaard. Maar wie is zij om dwars te bomen? Truitje gaat binnen.

De Bulgaarse snolwijven pakken daar hun meterslange benen in zijde en nylon. Gieren en brullen. Ze drinken er een stookseltje van granen en vruchten bij. De oudsten pruimen tabak. De knip van Neel staat boller en boller. Kostadin, een strijdmakker van Bogomil, schuift achter de piano om de boel een beetje op te zwepen met Bulgaarse huwelijksliederen en vruchtbaarheidsdansen. Maar niet zonder Zhelyazko, een strijdmakker van Bogomil en Kostadin, en zijn walnoten fluit.

Zoals MIM fluisterzacht op de klep van zijn piano kan spelen, zo kan Trui zonder aflaten naar zijn slapen kijken. Naar zijn hoofd dat iets weg heeft van een dier. En wat een lange nek heeft hij.

- 7 -

SLEMP-OP-VEEN[*)] *(zand aan zee)*

Het zeewater heeft grip op de veengebieden gekregen. Een zeearm heeft contact gemaakt met de zee onder Zand. Er is een eiland geworden. Slemp-op-Veen heet dit en het is een getijdeneiland. Zand aan Zee is er het enige dorp op. De gedaante van het eiland is een breedwerpig vierkant dat zich tussen een tweetal onbenoemde zuiderbreedten, met een geringe afwijking naar het noorden, in oostelijke richting van een maatgevende meridiaan uitstrekt. De grootste lengte tussen de beide verst verwijderde punten wordt op ongeveer 9 Hollandse mijlen berekend. De breedte verschilt van 2⅐ tot 6⅘ uur gaans en bedraagt gemiddeld 4 mijlen. De vlakke inhoud laat zich dus ook makkelijk in vierkante mijlen uitdrukken of in vierkante uren gaans. Al is dit niet gebruikelijk.

[*)] Dat van een streekje, zo klein, onvruchtbaar en volkarm, als het eiland Slemp-op-Veen is, nog nooit een korte, voor niet uitsluitend geleerde lezers geschreven, natuur- en aardrijkskundige beschrijving is verschenen, wekte lang bevreemding en deed mij al in het voorlaatste najaar besluiten, mijn krachten te beproeven, of ik de te dezen aanzien bestaande leemte niet entwat zou kunnen vullen.

Het eiland kent een kousenhandelaar die heel vaak slaapt. Doet hij dat niet, dan zijn zijn ogen open, terwijl hij spontaan ademt. Soms gaapt of grimast hij. Als Trui roggebrood met appelstroop in zijn mond legt, slikt hij. Een scheut bier er achteraan vormt ook al geen probleem. Bij een blokje scherpe, sterke kaas trillen zijn neusvleugels zelfs even. De kaas lijkt bewustzijnsverhogend te zijn. Kostadin en Bogomil hijsen MIM van de bank en zetten hem op een kruk bij de kassa. Ze maken de boel nog even aan kant en zetten een potje thee voor hem klaar. Een klodder haarzalf in zijn baard en even draaien tot de scherpe sik waarmee MIM zo graag voor de dag komt. Bogomil wikkelt een nat gaasje om zijn vinger om de lippen schoon te maken. Zo laten zij hem fatsoenlijk verzorgd achter.

Dan begint het vloeden. Bij hoogtij zit
MIM met zijn voeten in het zoute water.
Dit blijkt opwekkend te werken.
Hij waadt dan naar de piano, zet zich
eraan en speelt een voortplantingsdans.

- 8 -

LAÄCHA

Er staat een gevel in het nat.
Achter bedoomde ruiten hoor je een afgematte giraffeman
met een baard in de vorm van een baard op zijn kevel;
Verkoopt men even geen nylons.

Ook stroomt er water over het pad. Een tritsje golfjes natjes.
RANDVAART, *staat er geschreven op het bord*
boven de brug over de vaargeul.
Maar waar koopt men nu haar nylons?

Met volle paringsdrift plooit zich willend het lijf van Trui
uit het toegestroomde water overheen de deurdorpel.
Beluste vingers plukken aan de handelaar in nylons.

Maanden later doopt Neel een stropje in olie. Zij zet de voorste leden van duim, wijs- en middelvinger in de lus en slaat hem over de voet van de bijna gebaarde Laächa heen. Zij trekt de lus met de andere hand van buiten over de enklauwen vast, zodat de strop niet weer kan afglijden. Op deze zekering na, laat Neel de uitdrijving van het kind geheel en al aan de lamsvochtige natuur van Trui. MIM krijgt een glas melk en gaat even naast Trui op de bank liggen.

De Bulgaarsen besprenkelen de verlossing met hun alcoholletje.
Ze pruimen en fluimen dat het een aard heeft. Geboortedansen
omlijsten de dag. Bogomil, Kostadin en Zhelyazko.
En Lala en haar knieviool.

De deken is gedeeltelijk van Trui af gegleden.
Haar buik is bleek.
Haar kaken zijn stijf opeen geklemd.
Haar slagaderen worden lakrood.
Haar ingedroogde huid trekt zich terug.
Heur haar lijkt langer.
Peroenne lijkt eensklaps jaren ouder.

Zij staan naast de kraambank in kousenhandel *Brandbaard*
te kijken naar jóu, Laächa. Het is een verdrietige situatie.
Je wondermooie naam staat ze evenwel aan.
Zij noemen je daarom: Laächa.

Pagina 214 - Laächa (...) vindt een staalblauwe envelop met de naam van haar bet-overgrootvader op de lip

LAÄCHA

EERSTE HOOFDSTUK

ZIELVERKOPERS

Laächa wijst onderweg verheugd de varkens aan. Armetierige schraalmagere zwijnen die kwijnen langs de padrand. "De beste dagen van Zool zijn geleden dagen". Het is maar een gedachte van Peroenne, maar lang geen gekke gedachte.

Over het zand en door hun oren rolt de eerste dreun van een lel van een klok. Het grote uitluiden is begonnen. De grijszwarte pater heeft zijn laatste slag geslagen. De mannen haasten. Bramberth is de haastigste. "Bramberth", roept Peroenne hem na, "waag het niet te bieden op de ziel". Waar zij Bramberth van kent? Van vroeger op de markt, misschien?

Het eerste kavel is een aggregaat voor de knutselaar, het tweede een versleten klokkentouw, het derde een krat lege brandspiritusflessen, het vierde een groen uitgeslagen aquarium met visresten. De begerig ogenden buitelen over elkaar heen, zoals dat zo dikwerf gaat bij het kunnen krijgen. Uit de diepte van hun buiken: "Ónzes". Beu en murw van het loven en bieden verlaten ze het uit de as herrezen *'t Graf van Septica*. Onder hun armen het gewonnen goed, onverpakt. Het vijfde veilingstuk is een boek met brandschade. *'Music of Southern India and the Deccan'* heet het en niemand lijkt het te willen hebben. Laächa diept met een overdreven parmantig gebaar een dubbeltje op uit de zak van haar kleedje en biedt.

Het boek is dan van haar. Brandboeken is het thema, want nu wordt een versbundel geveild, waarvan kaft en bijna alle inhoud onleesbaar door oude vlammen zijn gemaakt. Leesbaar is een onbegrijpelijk gedicht. Geerman is de beste bieder. "Voordragen, voordragen, voordragen", krijsen zij die nog niets hebben gewonnen.

Vandaar de zon verdween, verscheen het koren.
Het koren brandt verteerde vlakken op de globe.

Altemet van weeromstuit,
zwaaien wij de wereld uit.
De aarde keert, kruimgezaaid,
gewassen door het vuur gemaaid.

En nu de vorst.
Er schiet geen splinter over.

Zoute zanden, vormen, stranden,
onttrokken vocht aan achterdocht.

Vliedt de vloed / het staat ons goed / een boom begint te groeien / lekker simpel genesis / morsen zonder knoeien[*)].

[*)] [uit: 'Voor ieder 1000' door Christopher Ons]

“Oprotten, oprotten, oprotten”, sissen ze, “met je onbegrijpelijke gedicht”. Geerman is verbijsterd en uit: “Maar het gaat van begin tot helft over jullie dorp, over jullie levensmoed van ‘vegen na zagen en binden of wenden’ en over het strand waar jullie, of minstens jullie ouders, nog gewoond hebben. Het gaat over de zon en over de assen van een vijandschap die ten einde kopje onder gingen in de golvenschoot. Nieuw beginnen, vruchtbaarheid en nawintertijd”. “O”, mompelt Bramberth, “dát hadden we er niet zo een-twee-drie uitgehaald”. En: “En van helft tot eind?”, vraagt hij al zo veel duidelijker. “Pure larie”, volgens Geerman, “al is *‘morsen zonder knoeien’* natuurlijk wel tegen het geniale aan”.

Lein vraagt of we het even centraal kunnen houden in verband met het opbrengen van het zevende en voorlaatste kavel. Hier heeft men op gewacht. De aardse rommel van Johannes Jacobus is voorbij. Zijn lijf, in zeildoek gewikkeld en met een paar klokken verzwaard, is overboord gezet op zee. Het walvissenkarkas is - hoe kan het ook anders - overgoten met een paar jerrycans van het een of ander. Een tondeldoos, of nee ..., een gasaansteker of een waslucifertje. Wat dan ook, weer een vlammenregen; varen op de vuurzee, Cakaert. En nu nooit meer klokkenluiden. Onuitstaanbare onstuitbare pater met je grijszwarte ogen.

Lein vraagt of we het even centraal kunnen houden in verband met het opbrengen van het zevende kavel: de zuivere ziel. En al is de meervingerigheid er ondertussen wel uitgefokt, een onbezoedelde ziel kan Laächa wel gebruiken. Peroenne biedt tot ze heeft. Ondanks eerder driest spreken over zielverkopers.

Geloof het, ze zijn op weg naar Vlek. Peroenne met de ziel van Laächa onder haar arm, Laächa met een graat van een big aan een touw. Nog meer achter deze twee figuren een jong, op de bok achter een driespan ossen. Op zijn kar het achtste en laatste kavel dat hij, bij ontstentenis van meebieders, heeft gewonnen: de *Canus Niger.*

In Vlek zijn de marktkoopluiden Petronilla al glad vergeten. Dat komt door het erg oud geworden zijn en het bijbehorende niets meer kunnen herinneren. "Vliede de vloed, opdat Vlek verzuipen mag", brengt Petronilla er nog ieletjes uit. Zelfs dit maakt niets los bij de verloren meneertjes op de markt.

Ze laten twee dorpen links liggen en lopen een veenrug af naar een spoorlijn en een riviertje, richting het eiland. Gelukkig maar, het ebt en zij kunnen zonder natte voeten tot aan de kousenhandel komen waar MIM net lekker aan het wakker worden is geslagen. Zijn eerste echte handeling deze dag is het zetten van een verse pot Pu Erh. Je moet rekenen dat hij soms vier weken in de maand slaapt. De vette weidemelk die hem telkens ingegoten wordt zet nogal aan

en deze theevariëteit heeft de faam een afslankend effect te hebben. "Wat heb je daar voor een grappig roze hondje. Heb je toevallig al aan een naam gedacht"? "Per, heet hij", dit antwoordt ze, "en het is een varken". MIM vindt alles goed aan zijn dochter. Naast haar naam zijn het ook haar familietrekken die in de smaak vallen. Dat ze nu ook al varkens mee naar huis neemt doet hem denken aan zijn moeder. Ze heeft eigenschappen van haar overgrootvader. Dat zeemanstypische, de rare voorliefde voor thee en - voor wat hij het weten kon - zij ziet overdag meest matig door de nipt doordringbare wazigheid die in haar ogen ligt. Haar prachtige karakteristieke diep omkringde ogen, waaruit nu een heel ander licht lijkt te stralen. Tevreden Peroenne hoort hem dat opmerkelijke verschil benoemen. "Ze heeft een andere ziel gekregen en daar horen andere ogen bij. Kijkogen". Of er nog een piano staat weet MIM niet, maar hij gaat er aan zitten. Een razendsnelle improvisatie over een tapijt van smeuïge hamerbassen in het grootoctaaf met een perfecte alles verklarende polymetriek als basis voor een uitdrukking van zijn zuivere ontroering en dochterliefde. Hij kijkt naar het meisje terwijl hij speelt. Zij lijkt op Peroenne, vindt hij.
Zou je denken dat een extra vinger tussen pink en ringvinger de mogelijkheden van een pianist vergroot; dat is niet zo. MIM wordt er juist erg boos van. Hij probeert zijn valse vinger af te bijten. Had hij maar zo'n mooie nieuwe ziel en tien vingers. Laächa geeft haar vader een slaapkus als hij op eigen verzoek poedermelk krijgt ingeschonken.

TWEEDE HOOFDSTUK

GUURTE

Laächa slaat haar *'Music of Southern India and the Deccan'* open en vindt een staalblauwe envelop met de naam van haar bet-overgrootvader op de lip. De brieven die eruit komen zijn lastig leesbaar door het onmogelijke handschrift waarin men vier generaties geleden schreef. Grote delen zijn gesteld in Zwamper dialect. Dat maakt het ook niet eenvoudiger. Laächa ontcijfert de aanhef als 'Mechtilda'. Dan volgt een kleine familiegeschiedenis, die halverwege begint met een onthutsend ongeluk. Vier voorvaders van de aangehevene zijn door de vlucht van een molen geraakt. Acht achter-oudooms ook. Laächa herkent in de helft van de achter-oudooms de namen van vier van haar eigen overgrootvaders. Dit leert haar dat de klap van het wiekenkruis dus zeker niet voor alle slachtoffers zo fataal is geweest als haar bet-overgrootvader dacht en daarbij dat deze Mechtilda haar achter-achter-achternicht is. *Tiens, tiens.*

Het volgende velletje doet een beetje pocherig over het feit dat hij zeker weet dat zijn nadochter Mechtilda zal heten. Hij verklaart dat uit het gegeven dat hij altijd een meidje had willen hebben, dat hij dan Mechtilda genoemd zou hebben gehad. Zijn schoondochters - die hij niet bij naam noemt om ze de schande te besparen, gezien het volle nichten van hem zijn - heeft hij steeds op het hart gedrukt alle vrouwelijke nakomelingen Mechtilda te noemen. Want helaas gaf zijn vrouw Pieternilligie hem slechts - en hier moet Laächa even heel goed kijken wat er staat - 14 zeptoguurten. Het staat er echt. Iets anders kan zij er niet van maken. Ze herleest de laatste regel nog eens en nog een keer en ook opnieuw en over. Het staat er echt. Iets anders kan zij er niet van maken: Pieternilligie! Zo noemt Peroenne zichzelf als zij zelfvermanend, hardop spreekt. "Komaan Pieternilligie, nu even geen wening, geen knersing, maar gewoon een vochtig vloerdoekje over het gesplinterte". Het was Laächa vanzelf wel opgevallen dat Peroenne een karakteristieke diep geplooide leerachtige huid had, die deed vermoeden dat de oude vrouw niet in haar meidagen leefde. Ruim 140 jaar had zij dit bet-overgrootje alleen nooit gegeven.

Plots wordt duidelijk waarom de oude vrouw destijds moeite gedaan heeft de geëxplodeerde winkel weer op te kalefateren. Laächa's grootouders stonden toentertijd aan het begin van wat de mooie periode uit hun leven moest worden. Peroenne heeft willen bouwen voor deze bloedschandelijke kleinkinderen Cornelis Wilhelmus Nicolaas en Antje Johanna. Ook daarom is Pieternilligie zo zorgzaam voor het wrak dat daar op de bank ligt te slapen en schieten haar ogen nog vol als achterkleindochter Trui over de tong gaat in Zand aan Zee. Ze heeft haar laatste centen opgeofferd voor een mooie ziel voor haar achter-achterkleindochter. Da's ook wat, zeg.

DERDE HOOFDSTUK

BRAMBERTH

"Ei, daar heb je Jed. Dan kan Hench ook niet ver meer zijn".

[Al waren Jed en Hench - en bleekbaar Add en Se - op sneven na dood, zij overleefden de klap van een molenroede].

Huijbertus Gerardus betaalt de taxibestuurder en verlaat de wagen. Hij steekt de parkeerplaats over en beklimt de trap naar het bordes. De deuren schuiven open. De drukke hal vormt een probleem voor Huij, maar mensen maken drukte; niet de dingen. Huij gaat naar het eerste ding dat hij ziet. Het is een informatiezuil. Naast de zuil staat Pyteke, de dochter van Hench. Zij is dus de volle nicht van Huijbertus.

Pyteke zoekt op de zuil naar voor-, achternamen en leeftijden en vindt snel de verdieping, gang en het kamernummer waar hun beider geraakte vaders en omes in bed, aan slangen liggen.

Een bleekroze zon staat laag en straalt vals licht door de ramen van het ziekenhuis op de gehavende lichamen van Jed en Hench. Huij verbaast zich erover dat zijn vader en zijn oom een bed en een infuus moeten delen. Hij leest de pijn, het delen van de complicaties en de hoog gespannen levensverwachting op de gezichten. Het is wachten op de eerste bloedbobbels die hun harten weer op eigen kracht veroorzaken. Long- en nierschade, zeggen de artsen. Kapotte zenuwen en gedeisde hersenen, zeggen de apparaten. Of andersom. Daar willen ze even vanaf zijn.

Huij staat op. Hij verlaat het ziekenhuis. Zijn tranen warrelen in de venijnig koude wind. Pyteke stopt hem in een taxi, in een huis, in een bed, in haarzelf. Onbegrijpelijke Pyteke.

In deze wanhopige familie was Lijntje Regina Aloisia, dochter van Huijbertus Gerardus en Pyteke K., de vierde boreling wier grootvaders meer dan broerzeggers zijn. Lijntje Regina Aloisia nam zich haar achterneef Younes Muhammed tot man.
Bramberth was de vrucht van haar schoot.
Onbegrijpelijke Lijntje Regina Aloisia.

Bramberth haast zich door de duinen naar de veiling van de spullen van de klokkenluider van Zool. Het is een feestelijke dag. Heel de ommestreek is verheugd dat hij nu eindelijk uit hun midden verdwenen is. Hij heeft veel ellende gebracht en herrie bovendien. Men fluistert niet, nee, men spreekt hardop schande van zijn levenswandel waarbij hij een vuig geladen relatie onderhield met een minderjarige. Hij was drankzuchtig en vervuld van kwade zin. Hij had een grijszwarte ziel.

Hoe kan Bramberth nou geweten hebben dat voorin *'Music of Southern India and the Deccan'* de schrijfsels zaten? Nu, hij geniet het derde oog. [Hij zou een puike schipper kunnen zijn].
De ziel, het topstuk, kan hem gestolen worden. Hem gaat het om het boek. Niemand wil het hebben. Juist als Bramberth bieden wil, slaat de oude vrouw van het duinpad haar armen klemvast om hem heen en overlaadt hem met genegenheid. Bramberth laat zich wiegen, troosten, koesteren, bewonderen, opbeuren, liefhebben en laat het boek. "Het blijft in de familie, mijn kleine jongen. Laat jij de brieven niet hoeven lezen om te weten hoe de lijnen lopen.
Nu maken dat je weg komt, Bramberth. De schoonheid van Laächa met haar giraffebruine ogen en tien vingers is niets voor jou. Zoek een vrouw met een andere achternaam dan de jouwe. Heb je wel eens gedacht aan de herenliefde, de dierenliefde, de lijkenliefde"?

Meer had Peroenne niet hoeven zeggen om het hart van Bramberth te laten ontvlammen voor Laächa. Wat is dat toch in deze wanvormige familie van molenaar, muzikanten, parlevinker, boek- en kleinvakhandelaren? Als men geen branden ontketent, dan stichten ze wel een gezin in eigen familiekring.

VIERDE HOOFDSTUK

CANUS NIGER

In 1433 goot Percin Vierdinc vier luidklokken, twee grote van 2446 pond oud klokkenspijs en later twee kleine van 593 pond nieuw klokkenspijs. Eind 1494 kreeg Faes de Sjele, klokkengieter van beroep, de opdracht om de klok *Palus* te solderen. Gescheurd op een gietgal. Het solderen bleek onvoldoende, want nog geen half jaar later moest de Sjele deze grootste klok van het quatrillon al hergieten. Gieters zijn grootdenkers, dus zette hij de zaag in de klokkenbalken. Eén enorme klok is toch een stuk leuker dan vier flinke klokken. In zijn honger naar spijs moest eerst de tweede grote klok, *Tibiale*, er aan geloven. Met donderend geraas stortte deze op en dan door het klokkenplat. Ook de twee naamloze kleintjes kon geen ander lot dan de smeltkroes deelachtig worden.
Het randschrift van de nieuwe gieting luidt:

- MCDXCV -

Canus Niger es mi name.
Mi ōch es belemmet.
Den hemel es ledic.
Mi herte es buugsaam.
Mi siele es ledic.
Clingend, mi dromen.

Zwaar getimmer klinkt op het zand. MIM wordt er maar wakker van. Het zijn Laächa en Bramberth die pal voor de gevel een klokkenstoel voor de *Canus Niger* bouwen. Deze subcontrabasklok doorstond oorlogen, klokkenstormen, kopervraat en klaagschriften van omwonenden. Zelfs de zesendertigjarige razernij van een op drift geraakte klokkenist heeft de klok niet kunnen schaden. De laatste beproeving bestond uit een rit achterop een ossenwagen, door de best afwisselende omtrek naar Slemp-op-Veen.

Het gaat matig met MIM. Hij heeft waarschuwingskartonnetjes opgehangen in en buiten de winkel. Tegen broomdamp waarschuwt hij en tegen zichtproblemen als gevolg van snijdbare nevels. De huid van zijn armen krabt hij los. “Dat is geen huid”, zegt MIM, “dat is een teerachtige substantie die mij verstikt. Een beetje vergelijkbaar met gesmolten nylon, maar dan een stuk agressiever”. Nevens ziet deze aangetaste man zijn winkelkasten stadig vlam vatten.
Vensterruiten verscherven voor zijn ogen. Hij spreekt aldoor van een wezensverwantschap met zijn voorgrootvader. Als gevolg daarvan kraamt hij molenwartaal uit en gutst hij gedichten. Eerst nog in zijn laarzen: de zolen, later zijn voeten tot bloedens. Toe maar.
Wat nog minder rust baart is zijn reppen van de aanwezigheid van een enorme klok in zijn directe vlakbijheid. “Diens zware slagen maken mij gek”, zegt hij. En: “Waar is Trui”?
Het gaat slecht met MIM en dat wil maar eens afgelopen zijn. Neel maakt hem hete melk met dolle kervel. Arme MIM. Op naar Trui.

VIJFDE HOOFDSTUK

HET STORMT ER EENTJE

Een roodloden zonnetje staat laag en licht op de kabbelende golfjes over het pad. Bramberth staat, als achteloos neergezet, tot zijn enkels in het water. Daar achter [of voor, vanuit de winkel gezien, als je in de winkel stond en door de beslagen vensters ook maar íets kon zien] een bovenmaatse klok. Bramberth laat de stoffige reisklok kleppen over de kwade zeetong. Open kaart spelend omtrent de stroming, opdat zij het niet morgen pas hoeven lezen in hun gazetje, in de trein en zodat het beurtschip naar het oostnoordoosten niet uit de randvaart loopt. Want zie de vaargeul maar eens te vinden in de lange watervlakte die Slemp-op-Veen nu is. En Kostadin en Bogomil maar aan komen waden. Een tweetal dat niet maalt om een sloot water meer of een plons water minder.
[K^{din}: »] "Al wat gewend aan het klamme klimaat hier"?
[Br^{be}: »] "Zeker, al is het wennen".
[B^{mil}: »] "En de hele handel"?
[Br^{be}: »] "De vraag rijst met het water. Hoe meer wassing, hoe meer verknoeide beenmode, hoe meer vervangingsaankopen".
[B^{mil}: »] "De wind is op dit moment zeer sterk uit het zuidwest ten zuiden, zodat het er alle schijn van heeft dat het water nog zorgwekkend zal stijgen".

[Br^{be}: »] “Dan zal ik vast mijn inkomsten evenzo zien stijgen en mijn zorg verdwijnen. Het zweet gaat vast op mijn handen staan”.
[K^{din}: »] “Vergenoegd”?
[Br^{be}: »] “Ik geniet het zekere voor het onzekere”.
Bogomil en Kostadin laten deze woorden rustig op zich in werken als de wind krimpt en de regen aldoor strenger slaat. Breukbliksems vanaf de inktwolken. Vliedt de vloed: daar gaan de eerste dijken. Wervelwater. Varkenskrengen: drijflichamen. Overweld.
Zhelyazko schuift aan, zonder zijn walnoten fluit dit keer.
[Zh^{zko}: »] “Er heerst een weertje”.
Maar niemand die dat hoort. Was het niet om het oorverlammend noodbeieren van de *Canus Niger*, dan toch wel om de hysterisch overslaande grijszwarte storm die zij zelfs nog boven dat ferme klokkengezag uit horen.

Als het tij keert of de baren luwen, drift het plooiend lijf
van Laächa uit het wegstromend water.
Vochtig haar vingers; ze plakken aan de noodklokslager.

Laächa staat later met Bramberth in het erg oud kousenwinkeltje te kijken naar jóu. Ze noemen je nergens om: Ofh.

AGENITHA WILHELMINA

Okkegijs kreeg Manuel; Béla bleek wat in Manuel verwekt was geworden; Béla werd Dmitri. Maar het is slecht om zo bij Dmitri te beginnen. Eerst maar eens netjes Lamch, Noch, Sam en Chem noemen. Vier halfbroers, doodgewaand door hun malende vader, maar toch dwars door de doodwaan heen op hun acht pootjes terecht gekomen. De meesten mensen zeggen: "Zo geraakt te worden door een molenend, kunnen ze hebben. Dat zit in het ras". De anderen denken: "Dat hele wanen van die maalvader kon wel eens een belangrijke rol hebben gespeeld bij de goede afloop. Het is immers nogal onwaarschijnlijk dat een dozijn kroost in groepsverband in zo'n absurd ongeval verzeild raakt. We twijfelen zelfs aan het waar zijn van dit deel van het verhaal".

L:amch overleefde eens in zijn vroegste jeugd een lelijk ongeluk. Met een in drieën geknapte schedel, veel verbrijzelde nekwervels en een bloederige pap waar eens zijn prachtige gezicht zo zichtbaar was, werd hij, honderden kilometers verderop, naar een gespecialiseerd ziekenhuis gebracht. Daar heeft men zich het vuur uit de sloffen gewerkt om er een levensvatbaar geheel van te maken. Dat is toen heel aardig gelukt. Alleen met het gezicht is het niet helemaal voor elkaar gekomen.

In die havenstad, honderden kilometers verderop, is hij groot geworden. Want in die tijd was niet altijd duidelijk waar een binnen gebrachte patiënt vandaan kwam. Er werd wat rond gevraagd en als niemand aangaf een kind te missen met een gespleten hoofd, werd daar verder niet al te veel energie nog ingestoken. Allicht zal er eentje tussen hebben gelopen die aanspraak had willen maken op L:amch. Als die dan zag met welk uiterlijk het door het leven ging, werd er vlot afgehaakt. Het kwam toen, daar slechtweg niet in de mensen op om honderden kilometers verderop te gaan zoeken. Wat een situatie, hè? Kunnen we ons nu niets meer bij voorstellen.

Zo groeide L:amch op, met zijn kreupele hoofd in een stad. Als hij het scharrelen naar teerkost beu is, vindt hij emplooi op een ruilebuitscheepje voor de kust waar de stad aan ligt. Op en neer naar de grote zeeschepen om kleedjes, biertjes, broodjes, kruis- en aalbessen, noten en onbekende kaassoorten aan de man te brengen bij de schippers.

Een periode waarin Lamch dagen maakt van 18 uur; daarop 's nachts door de stad zwalkt. Dan blaast hij sentimentele liederen op zijn bastrompet. Beelddenkers met kennis van embouchure snappen gelijk dat dit een knappe prestatie is. Zij zien het uit drie delen herbouwde hoofd voor zich en het bijbehorend mismaakte gezicht. Daar kan nooit een goede blaasmond in hebben gezeten, toch? En dan nog best complexe muziekstukken blazen. Knap hoor. De slapende mensen worden prompt wakker van liederen als *'Jij stad, met je haven, honderden kilometers bij mijn geboortegrond weg'* en *'Eens had ik 13 broeders'*. Wordt het Lamch kwaad te moede dan blaast hij *'Een kaadraaier mag niet huilen'* tot hem de tranen achter de ogen prikken. Slim laat hij het lied naadloos over gaan in *'Een kaadraaier moet niet lachen'* waarop hij zijn tranen de vrije loop laat. Dit gaat een onbekend aantal weken zo zijn gangetje tot het mooi geweest is. Lamch is uitgeblazen en gooit zijn bastrompet in de haven. Wat er allemaal gebeurt tussen dit gedenkwaardige moment waarop hij zijn bastrompet opoffert voor de liefde - want dít is dus wat er hier aan de hand is, al krijgen we er de precieze toedracht niet van boven tafel - en de geboorte van zijn dochter Frederika Emma, is nu helaas juist dát waarvan niemand het fijne weet. En waarom het meisje geen Mechtilda genoemd gehad? Ook zoiets vreemds. Was toch een kleine moeite geweest? Lamch, ondoorgrondelijke man, we weten haast niets, nu.

Noch heeft meer geboft. Erg veel anders dan een paar schaafwonden en wat splinters in zijn vlees heeft de molenklap hem niet opgeleverd. Maar terug naar Guurte ging hij niet. Het leek voor de buitenwereld allemaal wel mooi en prachtig, dat hele molenaarszonenleventje. Beetje de kippetjes voeren, kommetje zog zuipen, de baard van de bijl slijpen en met regelmaat zwichten of de baan- en de pinnesteen ruim in de reuzel zetten. Gang en ijver. Je moet er van houden en daar schortte het aan bij Noch. 'Luie kapoen' noemde zijn broers hem. Dat hij meer in zijn mars had dan zo een gesneden haan blijkt kort na het plots uiteenvallen van de broedergroep. Koud zijn zijn testikels ingedaald of een krijtende Eimert is feitelijk. Het verhaal gaat dat de moeder van Eimert de dochter is van Eimerts oudoom Ğerst. Niet dat dit weten nut heeft, maar ik zou liegen als ik het zou verzwijgen en andersom. Bovendien: verhalen zijn er om niet te geloven [vgl. het verhaal dat Ğerst aan zijn einde is gekomen in een potkachel. Beter maar niets van geloofd. Je reinste rimram.]

Noch is naast een luierik ook dranklustig. Het is de hele dag pilsjes met grenadine drinken. Tot hij tipsy raakt. Dan begint het zemelknopen over het leed van het leven op en om de molen. Noch, je vergeet merkelijk de vreugd van het mout dat tussen de zingende stenen stroomt, om straks korenwijn te worden. Dat zou jóu toch moeten interesseren. Ach weet je, laat maar. Je bent ons verder worst.

Sam bleef toen eenvoudiglijk gespaard van de slag van de tollende molen. Toch heeft zijn vader hem als element in een akelige reeks lichaampjes kermend de lucht in zien vliegen. Dat zit zo: in de familie K. hangt men erg aan tradities. Sam had Add, Se, Eno, Meth, Ken, Mæl, Jed, Hench, Lamch en Noch al weg zien vlieden en wilde niet breken met deze familiegeplogenheid. Op zijn kleine, watervlugge beentjes trappelde hij naar de rand van de molenbelt en sprong. Hij gilde daarbij: "Eilaas, ook ik ben geraakt door de moordmolen".
Bij het onzacht neerkomen schiet zijn grote teen uit de kom. En weer terug. Verder niets.
Jaren later weet Sam niet dat hij betuigt aan een andere hardnekkige gewoonte in de familie door zijn bruid te kiezen uit juist díe groep vrouwen die door een verhoogde graad van maagschap in de regel niet in aanmerking komen voor zulk.
Tussen die flinke teenblessure en de komst van zijn dochter Alida Pieternella Hendrika is het aldoor en enkel ondergaan in de onopvallendheid van het suffe leven van een hazenhart. Want laf moet hij geweest zijn, deze lotmijder. Uit angst dat ooit uit zou kunnen komen dat hij zijn dochter geen Mechtilda noemde, kleedt hij het meisje als een knaapje en noemt het volhardend Aaltje-Henke.
Dit is de eerste keer dat hij ruggengraat toont. Het is niet voldoende om Sam de moeite van het verder beschrijven te rechtvaardigen. Wij betrouwen Alida. Laat zij maar goedmaken voor Sam.

Chem laat niet veel meer over zichzelf achterhalen dan wat op de schriftenvelletjes [uit de staalblauwe envlop] gekriebeld staat. Dat ook zíjn hart op eigen kracht weer bloed is beginnen [of gebleven] voort te stuwen, kunnen we opmaken uit de vermelding van zijn naam in het bevolkingsregister van de stad honderden kilometers bij de molen vandaan. Dat hij minstens tot in de vruchtbare leeftijd heeft geleefd, kan ook al niet anders: hij wordt er als vader van ene Nicolaas Theodorus Pieternel genoemd. Zelfs of Chem al dan niet het wiekenkruis gevoeld heeft of, net als zijn broer Sam, met de schrik vrij is gekomen en andere oneigenlijke motieven heeft gehad om te vertrekken naar de stad honderden kilometers verderop, weten we niet. Eilaas.

De zoon van Chem heet derdst *Pieternel*, naar zijn oma Petronilla, zoals Sams dochter *Pieternella* als tweede naam heeft. Zo heten ze. De laatste wordt voor het gemak meestal *Per* of *Peerke* genoemd, behalve wanneer de eerste net zo genoemd is, want anders zou het juist weer verwarring in de hand werken. Het blijft dus gewoon steeds opletten. Om onderscheid te maken tussen deze neef en nicht pakken we van N.T.P. het meest in het oog springende gebrek, zijnde zijn stekeblindheid en noemen hem van hier af *Blinde Niek*. Dode ogen zijn met betrekking tot dit geslacht ál te vaak besproken. Zie het dus alleen als een discriminerend etiket en vergeet dat Niek niet zien kan. Zelf staat hij er ook niet alsmaar bij stil.

De volledige naam van A.P.H. is te lang; haar tweede naam leidt te glad tot vergissingen. Aan het gedurig ontkennen van haar vrouwelijkheid - zoals haar vader deed - doen we uiteraard niet mee. Wij noemen haar *Aaltje*.

Voor de stad langs stroomt een flinke rivier. Spreekt men van 'boven de stroom', dan wordt de stad zelf bedoeld. Blinde Niek heeft een winkel net boven de stroom. Hij handelt in betaalbare patronen, wolvilt, fournituren en kleinvak. Het is dinsdagochtend en Niek plaatst aandachtig de strengetjes zesdraads splijtzijde borduurgaren in 64 basiskleuren - die uiteraard ook nog eens prima passen bij de wolviltcollectie uit zijn warenvoorraad - in de vitrinekast. Voorzichtig legt hij er, omwille van de aankleding, een paar heldere glaskralen en mooie matte halfedelsteentjes tussen. Voorzichtig, omdat een baardje in de rand van een plankje zomaar versplintering van het geharde glas tot gevolg kan hebben. Al zijn het maar kleine stukjes en nooit scherpe scherven, het is toch niet waar Niek op zit te wachten. Als hij klaar is met dit delicate klusje ziet alles er weer keurig uit. Dat is knap voor een blinde. Nu is het de beurt aan het kant, band en lint om eens goed gesorteerd te worden. Op kleur sorteren is natuurlijk uitgesloten. Niek legt de materialen apart op basis van hun textuur. Echt een klusje voor de druilerige dinsdagmiddag die het is en de deur gaat open. Aaltje stapt binnen. Ze lijkt wat overstuur. Niek vraagt op geërgerde toon wie zij is. Zodra hij haar stem hoort is de ergernis verdwenen. Het is de gesel voor de blinde eerst klank te moeten hebben voor hij zekerheid heeft over wie hij voor zich heeft. Je ziet dat het nog niet meevalt om de blindheid van Niek geen rol toe te bedelen. Aal is geen gemakkelijke prater. Als de tong wat losser wordt door de thee die neef Niek maakt, laat ze zich verlokken om te vertellen wat

haar dwars zit. “Het is mijn verloofde - de fielt - hij laat me zitten. Ik heb de smerige lorejas gevraagd voor mij een paar grège kousen te gaan kopen in een onbetekenend kousenwinkeltje hier een roteind vandaan. Het galgenvoer zou zó lang weg zijn, dat ik mij in alle rust kon voorbereiden op het aanzoek tot een huwelijk dat ik hem bij thuiskomst zou doen. Ik had het ratsvot een ontvangst voorbereid die in zijn hele hoerenvullisfamilie nog niet eerder gezien was. Maar de beroerling is teruggekomen met afgedragen kousen. De morsige smeerpijp moet mij onderweg ontrouw zijn geweest”. Aaltje heeft overduidelijk niet de vloekvaardigheden van haar oma.
Niek staat op en vraagt Aal even met hem mee naar het kleine plaatsje achter de winkel te lopen. Onder zijn arm draagt hij een aantal onverkoopbare borduurpakketten. Liever verbranden in de metalen vuilnisemmer dan laten vergelen in de etalage en voorbijgaanden het idee laten krijgen dat het hier onverkoopbare borduurpakketten betreft. “Praat vooral verder hoor”, stelt Niek haar gerust. Hij smeert de pakketten ruim in met een teerachtige substantie: koolteer. Dan in de afvalbak en een flesje aceton leeg, scheutje amylacetaat, drupje benzol en een halve emmer lijnolie. Niek is niet zo gek van half werk. Als Aal haar verhaal nog kwijt wil, moet ze voortmaken. Niek staat al, uiterst voorzichtig overigens, nitraatverbindingen te roeren om als saus over zijn grondige opruimwerkje uit te schenken. Het is in dit geval gelukkig overduidelijk wat de ongemeen felle explosie en de er op volgende brand aan de grens van deze stad en de rivier heeft veroorzaakt.

Pal vooraf aan het voorgaande, vouwt Theodoor Lieve Haeseker een peukje dicht en speelt een schuldbelijdend stuk muziek op de handharmonica. Hij weet dat zijn aanbeden Alida daarbinnen is. Aan het eind van de muziek zal ze toch ook weten hoe naïef zijn fouten waren en hoe verklaarbaar. Hoe het licht van de omstandigheden voldingend scheen. De treurige, goedgelovige dommerik toch. De grote ruit van de handwerkhandel spat uiteen in zijn gezicht. Het regent glaskralen, halfedelsteentjes en versplinterd hardglas. Zijn hoofd dreunt. Lieve steekt de sjek aan en speelt, met bebloede handen, halsstarrig zijn wijsje uit. Zelfs als de vlamvloed door de gespleten gevel als een zengende knoet over hem heen rolt, blijft de bezetene aan het pensorgel rukken. Tot het hem allemaal te heet wordt. Hij deinst een aantal passen terug, valt achterover in 'de Eigenaar' en verdrinkt jammerlijk.

"Echt een best ongerijmd ongeluk bij een ongeluk", schijnt wat hij gedacht zou kunnen hebben gehad.

Langs een omweggetje vraagt Aal aan Niek of hij het heel raar zou vinden als zij hem voortaan bij zijn tweede naam, Theodorus, zou aanspreken. Theodorus vindt dat geen punt zolang het maar geen Blinde Theodorus wordt.

Gek genoeg valt de brandschade aan hun huid mee. Her en der een blaartje en een ingesmolten stukje nylon kleding. Theodorus had een bijzonder mooie knevelsnor. Helaas is die wel in vlammen opgegaan. In één klap van zijn lip gevaagd en zijn lip erbij. Theodorus is er niet mooier op geworden van de brand. Hij klopt stof van zijn mouwen en pijpen en kijkt in hoeverre zijn plannetje tot een gunstig einde is gekomen. "Geen spaan meer van heel, van die borduurpakketjes". Doordat de */p/* een bilabiale klank is en Theodurus momenteel monolabiaal is klinkt dit zinnetje niet zo lekker als het hier geschreven staat. Aal vindt Theood een ongewoon mens. Het had volgens haar meer voor de hand gelegen om dat van die spanen van de winkel te zeggen. Waar de achtergevel stond, staat nu een gat. Waar het interieur was, spreek je nu beter van het exterieur. De bluslui pompen het water uit 'de Eigenaar' over de smeulende balkenvloer. "Frappant kunststukje, dat nou juist de gevel overeind is gebleven". Het is onbekend wie dit zegt, maar gelijk heeft hij wel. De bluslui hijsen het verschroeide natte lijf van Lieve uit 'de Eigenaar' en leggen het te drogen voor een smeulende hoop as. Aaltje moet er een beetje van gillen als ze hem herkent. Het is maar goed dat ze niet weet dat hij onder zijn hemd een paar prachtige, gloednieuwe kniehoge kousen van pongé bourette voor haar verborgen hield.

Branden en explosies van deze omvang brengen extreem veel mensen op de been. Als er verdrinkingsslachtoffers te betreuren vallen bij branden of explosies, spreekt men van buitenissige bezoekingen en is de toestroom bovenproportioneel. Belangstellenden golven toe vanuit alle gebuurten van de stad. De grote doorgaande straten en dreven lopen al snel vast. In drommen en stoeten trekt het gepeupel eroverheen. Wie eenmaal bij de plaats van de brand is aangekomen, ziet vervolgens geen enkele mogelijkheid meer om daar weer weg te komen. Je zou het een gezellige drukte kunnen noemen. Theood doet dat niet. Theood, die een hartgrondige haat voelt voor mensen, voelt zich niet helemaal senang temidden van de tienduizenden belangstellenden. Hij noemt de lijkenkijkers daarom liever een odieuze woekering van verschrikking en beklemmend overschot van Belialskinderen. Theood heeft ontegensprekelijk oma's vloekvaardigheden geërfd. Enkele honderden slimmeriken denken een afsteekweg gevonden te hebben naar de plaats des onheils en naderen dus niet vanover de kaden van 'de Eigenaar' maar via het achterliggende hofje en dan via het plaatsje door het exterieur van de winkel. Die enkele honderden, die ook wel eens wat willen zien van de verzopene, dringen zich op aan de binnenzijde van de wankele gevel. Theood is niet zinnens af te wachten of deze bestand is tegen de honderden. Hij scheurt de krijsende Aal los van het restvlees van Lieve. Spartelend, wurmend en trappelend laat zij zich naar de kade slepen. Theood laat haar zakken in zijn woonscheepje. Hij schuift het toegangsluik dicht.

Eerst maar even een ambiance creëren waarin het fijn varen is. Hij jaagt een vlam in de draad van zijn stormlamp, gooit een schepje antraciet in de staalblauwe haard en steekt waxinekaarsjes en wat stokjes wierook aan. Theood loopt naar zijn grammofoon en legt er een EP-tje op. Het is een historische opname van een lied voor bastrompet en harmonium, ingespeeld door zijn oom Lamch op bastrompet. Was het nou niet mooi geweest als zijn achterneef Mechmet de traporgelpartij had vertolkt?

Het regent ondertussen stevig op 'de Eigenaar' en Theood gonst een beetje mee met het lied dat over een ander lied gaat. Beluisterend het knus knorren en snorren van de dubbelcilinder gasoliemotor sluit Aal de ogen van Aal. Het is een bewogen dag voor haar geweest.

Zo varen zij de rivier op. Weg van de stad stuurt Theood zijn scheepje, rustbarend voortvarend, gezichtsloos voort. Dat is knap voor een blinde. Als Aal wakker wordt, liggen ze aan de meerboeien, drie meter van de wallekant. Theood heeft besloten ruim voor het natland zijn schip stil te leggen. Verder varen zou ze onverantwoord ver in het land van de gekken doen belanden.

In de verte is het gejuich en geschreeuw van de feestende mensenzee aan de kade voor zijn winkel te horen. Het geluid draagt ver over de rivier. Het stoort Th. dat zijn stadsgenoten genietend door zijn nerinkje lopen te stampen. Aan de avondlucht is schijnsel te zien van vuur. Een geoefend oog zou een witte kolom rook kunnen zien opstijgen boven benoemde plaats. Dat zit er niet in voor Theood. Laten we niet vergeten dat hij een flinke visuele beperking geniet.

Aal ziet zowel het schijnsel als de kolom en is niet te beroerd om Th. dat te vertellen. Zo ontstaat er een gedrukte stemming in de salonroef. De waxinekaarsjes gaan uit. De haard is lauw. Het EP-tje is de hele reis blijven hangen op een krasje [*)]. "Is het je opgevallen dat mijn oom nogal onzuiver intoneert op deze plaat", vraagt Aal aan Thee. Tot hier dacht Thee dat alleen híj directe familie is van de bastrompetist. Van schrik draait hij zwijgend een sjekje en steekt dat in zijn gezicht. Hij zuigt zijn onderlip wat naar binnen en klemt het rokertje daarmee klemvast tegen zijn boventanden. Hij heeft per slot van rekening geen bovenlip meer. Er fluit valse lucht tussen zijn boventanden bij het inhaleren van de rook. Een hoogst hinderlijk bijgeluid, vindt Thee. "Zo is er geen lol meer aan", zegt hij en gooit het half opgebrande sjekje door een raampje in het water. Gemelijk zegt hij dat Aal misschien eens voor wat geld zou kunnen zorgen door te gaan werken in het fabriek. De schoorsteen moet roken. Aal vindt de hanigheid van haar neef wel charmant en gaat om werk. De fabrieksbaas zadelt haar op met een of ander levensgevaarlijk klusje met bijtende chemische stoffen, witgloeiende ijzererts en vlijmscherp gereedschap. Je weet hoe ze zijn, fabrieken.

[*)] Maar lijkbaar niemand die hoort hoe die microtonale undevicesimale kleine sext, als minimalistische herhaling, met de percussieve tik van de naald op de beschadigde groef, doet denken aan de gekende compositie *'Och Eustachius, sta mij toch bij'*. Het is dít lied waar deze muziek over gaat.

Witte rook die als kolom zichtbaar is aan de horizon boven een winkeltje dat al meer dan 20 uur geleden brandde en dat over een afstand van 18 uur varen? Zeer onwaarschijnlijk. Zou het niet de witte tabakswalm kunnen zijn geweest die omhoog kringelde uit de kleine korte pijpjes van Sois en Nijs? Hoe het ook is, zíj lopen over het jaagpad langs 'de Eigenaar' en krijgen het schip van Thee in het oog. Het is allereerst Sois die verheugd de naam van het schip leest en uitroept: "Theeschip". Nijs vat het nog niet helemaal. Sois probeert het hem aan het verstand te brengen. Hij zegt hard: "Thee"! Onwaarschijnlijker dan dat van die rook zou het nog zijn als Thee zelf niet direct uit de romp naar boven zou zijn geklauterd bij het horen van zijn naam. Bedenk dat dit terwijl is dat hij zich alleen met zijn schip waant ergens aan de oever van een rivier, 18 uur varen van de stad waar alle stadsen aan het feesten zijn op de ruïnes van zijn zaak enerkants en anderzijds nog honderden kilometers naar de eerste bewoonde dorpen. Thee vraagt Sois, Nijs en de oudere man die met hen oploopt, aan boord. Hij gooit een handje antraciet in de haard en hersteekt waxinelichtjes en wat wierook aan. Sois en Nijs trappen hun laarzen uit. Goed snel liggen er hun puutje baaitabak, houten pijpstopper en gasaansteker op tafel. Uit hun rugzakken komen flinterdunne porseleinen kommetjes tevoorschijn. Dat wordt thee drinken en pijpjes stoken. Alles duidt op een perfecte samenloop van mensen. Tot het moment dat Sois oppert dat het wel passend zou zijn als iedereen zich eerst eens netjes zou voorstellen. Of net daarna eigenlijk.

Denijs en Fransois zijn geen namen die problemen betekenen binnen deze groep luidjes. Het gaat pas mis als zowel Theodorus als de oude man zich gelijktijds en volmondig trots als *Blinde Thee - schipper van roeping* presenteren.

Ja, natuurlijk is dat Thonis die nog steeds met Sois en Nijs gaandeweg was. Het had ook nog Rufelaard [Ruffelin] kunnen zijn, maar die is door de ruighouten koffie- en theetoeleveraars al heel snel uit het groepje gezet. Ze werden stoutuit agressief van de combinatie van tergend traag spreken en het op hoge snelheid zingen van arietta's. Wel begrijpelijk, niet?

Nu zitten ze aan tafel met twee recalcitrante mannen met schipperspetten en zelfgeprikte ankertatouages die de ander de eigen naam niet gunnen. De oudste Thee verklaart de ander tot zoetwaterschipper en voert daarbij aan dat een zeeman die bij het pijproken een hilarische fluittoon laat horen vast overal de lachers op zijn hand zal krijgen. Bij de vaart komt het echter aan op respect en eerbied van de bemanning. Twee zaken die je gerust kunt vergeten als je geen behoorlijke piep kunt paffen. Sterker is het argument van liploze Thee die zegt dat een schipper zonder schip doorgaans een boer wordt genoemd. Of een pruikenmaker, een goudpatser of een stationsbibliothecaris, maar zeker nooit schipper. En zo tot erger. Aal stapt binnen in dit benarde sfeertje. Zij is zich niet bewust van de gevolgen als ze daarbij zegt: “Thee, ik heb er vandaag bij het stampen van de machines en het inademen van de giftige dampen over nagedacht en ik wil een kind”. Oude Thee heeft wel oren naar een verzetje en staat binnen een paar ogenblikken met de broek op de schoenen voor de bedstee en nodigt de voor hem onzichtbare vrouw uit om er maar direct werk van te maken. Liploze vindt de gretigheid van zijn kersverse gast maar zo-zo en besluit tot een handgemeen. Sois en Nijs verkneukelen zich. Ze hebben nog nooit, zoals zovelen, twee blinden elkaar te lijf zien gaan. En dat in een kleine ruimte waar onder andere een gloeiendhete potkachel staat. Tijdens dit spektakel raakt één van de rondzwiepende vuisten Aal op de zijkant van haar hoofd. Het sluit eensklaps de ogen van Aal.

Vóór het ontwaken is het schip gezonken. Op de rivier dobberen meubeltjes, een gasaansteker, een theeketel, een draaitafel en een klein aantal dode schippers. Op de kant zitten Sois en Nijs in opperste concentratie hun theekopjes uit schilfertjes in elkaar te lijmen. Aal vraagt hen: "Willen jullie me nog iets vertellen"? Sois of Nijs vertelt dat ze niet gek moet staan te kijken als zij op termijn tekenen van dracht gaat vertonen; dat zij een kindje onder het hart zal dragen. Nijs of Sois voegt daar aan toe dat het tegen elke prijs Agenitha Wilhelmina moet gaan heten en dat hij voor het kind hoopt dat het dan een meisje zal zijn. "Het was de uitdrukkelijke wens van Thee", besluit hij zijn spreken. "Deksels", mompelt Aal, "dus geen Mechtilda".

Alida gaat morgen maar weer eens op de stad aan. Het fabriek kan haar gestolen worden. Voor een aanstaand moedertje is het trouwens ook een te riskant baantje met al die stoffen, ertsen en dampen. Nu eerst lekker slapen. Het is een bewogen dag voor haar geweest.

MECHTILDA

Over Eimert en F. Emma is al veel geschreven. De nadruk lag daarbij niet op Eimert, maar op de verstandhouding tussen F. Emma en schoondochter Agenitha Wilhelmina. Zij voelden een sterke binding. Beiden waren de vrucht van een verboden verbintenis. Beiden voelden zich vreemd en beschaamd in deze markante familie. Frederika Emma leek uiterlijk erg veel op haar nicht Aal, de moeder van Aag. Alida's moederrol werd, eerlijk gezegd, grotendeels vervuld door F. Emma. Zij voelde zich, zacht gezegd, geroepen dit voor haar nicht te doen, die bij een netelig toeval in toch een fabriek als het ware in de armen van haar ploegbaas werd gedreven, haar kind vergat of vermeed en een toekomst opbouwde in een dorp op een oude veenrug in het zandgebied een flink end stroomopwaarts aan 'de Eigenaar'. Daarbovenop heeft F. Emma nooit de dochter kunnen krijgen die zij Mechtilda had willen noemen. Vreemd is het niet dat zij Aag bewogen heeft om dit falen voor haar recht te zetten. Zoon Randolph was hierin een instrument en Eimert kreeg er niet eens een zegje in.

Randolph is in alles een echte K. gebleken. Het wemelt bijvoorbeeld in en om zijn huis van de varkens. Randolph is zeemanstypisch, muzikaal en heeft overdreven veel vingers. Het volgende wat opvalt zijn de prachtige karakteristieke diep omkringde ogen waar het licht nauwelijks vat op krijgt. Randolph draagt stijf gegarnierde pruiken en heeft een enorme, afstotende baard. Zijn neigingen zijn op het pyromaniakale af. Zijn tabaksconsumptie is ontzagwekkend. De hele stad koopt kousen in zíjn winkel. In deze stad kent men hem als de kousenhandelaar die de oorsprong van de namen kent van plaatsen die honderden kilometers verderop liggen, maar ook als de vreemde snoeshaan die zijn lichaam [maar nooit zijn ziel] verwaarloost. Bessen, noten en kaas vormen de hoofdmoot van zijn dieet, weggespoeld met liters Pu Erh. De tijd doodt Randolph met het tegenzinnig lezen van een retrograde gedicht of het schrijven van huisregels op kartonnetjes. Hij draait EP-tjes met Bulgaarse mars- en dansmuziek en hij kan vloeken als een edelman.

Randolph verschilt dus amper van al zijn neven, achternichten, omes en tantes en al het andere nabroed van Guurte. Zelfs de bloedschuld was op Agenitha Wilhelmina en Randolph. Zij noemden hun kind Mechtilda. Ten eindemale.

Dmitri verwekte Enh bij Mechtilda.

Laächa's dochter werd zwanger van de zaden van Enh.
Zij baarde Cathalina Cathalina.

Over Cathalina Cathalina, de achterkleindochter van [onder anderen] de dochters van de kleinkinderen van Petronilla Vierdinc, gaat het vanaf hier.

CATHALINA

CATHALINA

“Ik ben kritiekloos
En geef alles lucht
Ben zelfs van plan te vergeven
Met mijn holle ziel
En mijn oorverdovende dromen”

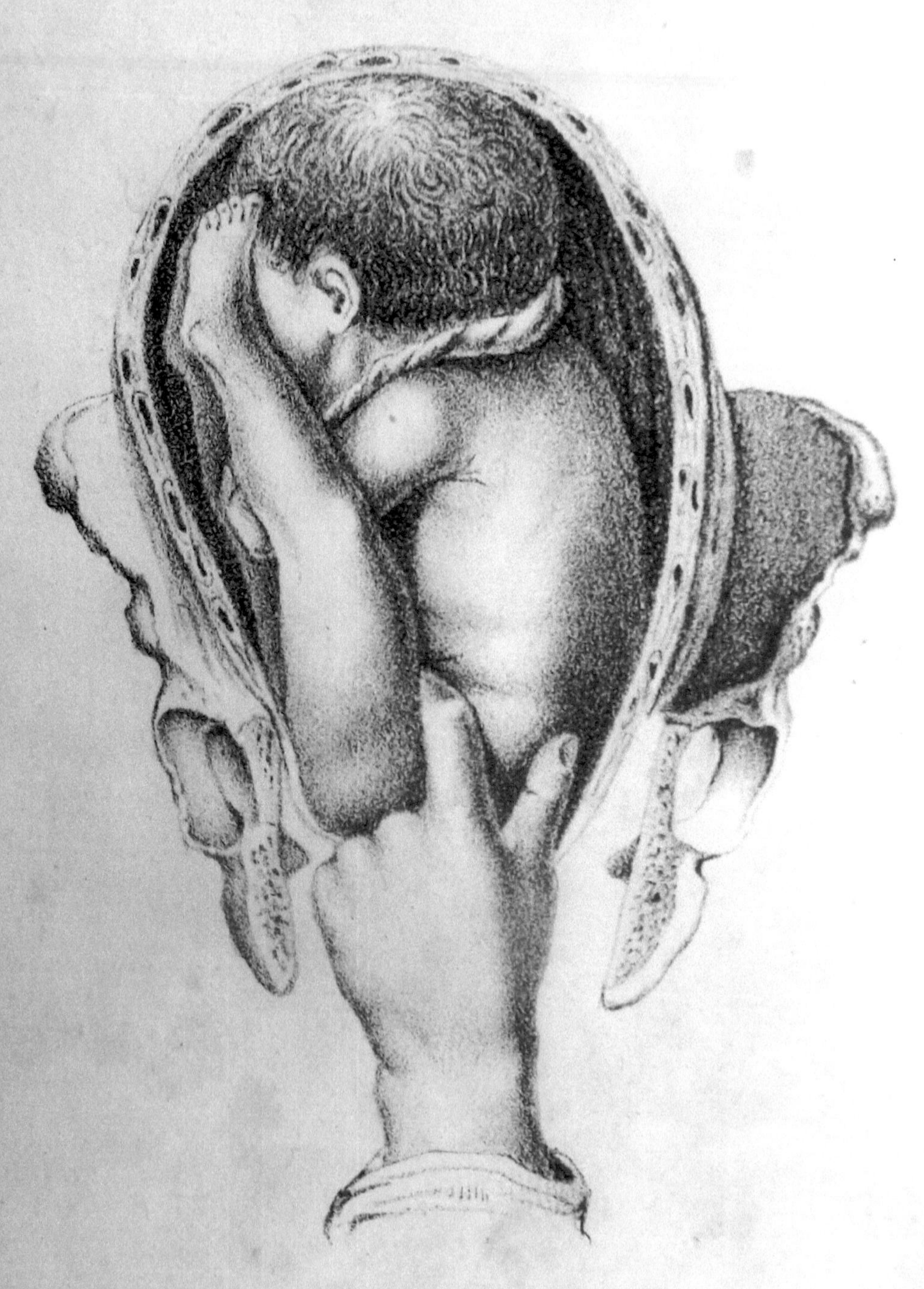

In het jaar tweeduizend en twintig, de drieëntwintigsten dag van de maand maart, is voor ons ondergetekende, ambtenaar van de burgerlijke stand der gemeente Zee, verschenen: Everaard Nicasius Hubrecht (E.N.H.) K., oud negentien jaren, walvisser van beroep, woonachtig alhier, welke ons heeft verklaard dat alhier op de tweeëntwintigsten dezer, 's morgens te twee uur, uit hem en zijn huisvrouw Odele Folkwijf Hanette (O.F.H.) K., zonder beroep, wonende mede alhier, geboren is een kind van het vrouwelijk geslacht, aan hetzelve de voornamen gevend van Cifriaene Adewijf Toele Hainrice Alene Laurijn Ingel Noele Agnecon Clemme Ameile Taeneken Hannonne Aliaem Loege Ieve Nanne Aghete (C.A.T.H.A.L.I.N.A.C.A.T.H.A.L.I.N.A.).

Deze verklaring is gedaan in aanwezigheid van Jaquemaert Kokkemaere, oud veertig jaren, zonder beroep en Lion Abslon Spetebrood, oud achtenzeventig jaren, hoeder in het apatheïstisch armhuis van beroep, beide alhier woonachtig. En hebben de vader en getuigen deze akte na voorlezing, nevens ons ondertekend.

Everaard Nicasius Hubrecht K.

J. Kokkemaere

L.A. Spetebrood

P. Vierdinc

C I F R I A E N

E A D E W I J F

T O E L E H A I

N R I C E A L E

N E L A U R I J

N I N G E L N O

E L E A G N E C

O N C L E M M E

A M E I L E T A

E N E K E N H A

N N O N N E A L

I A E M L O E G

E I E V E N A N

N E A G H E T E

Vluchtig vleselijk.
Voorstelbaar onderscheidbaar.
Schendbaar, het vel.

Het ligt hier.
Het raakt erbuiten.
Anderen zullen 'mij' zeggen.
Jij, bijvoorbeeld.
Voelt het?

Ze spreken. Jullie.
Smeren de huid.
De geschrobde huid.
De eenmalige huid.

Kijk het eens ademen.
Helemaal zelf, eventjes.

Worden klank. Jullie.
Strijkende geluidjes.
... houdt mij vast.

Huid.
Mij.
Vast.

C I F R I A E N

E **A D E W I J F**

T O E L E H A I

N R I C E A L E

N E L A U R I J

N I N G E L N O

E L E A G N E C

O N C L E M M E

A M E I L E T A

E N E K E N H A

N N O N N E A L

I A E M L O E G

E I E V E N A N

N E A G H E T E

Aardt zij, als zij verzinnebeeldt te staan
- daar geen vloer voelt - maar verroert in de tocht?

Droomt ze noch nog vergeefs van varkenstijd,
van schepzand en - daarlangs - noch van zandmannen?

Eerst eens het haam recht gekomen is,
is het volgend varen en drijvend stuwen.

Wees, recht van gedaante naar gaande;
weet gestalte als aanbelangende.

Ik.
Motief moverend.
Jagend, voort door schone gangen, met mijn bewogen benen.
Flagrante formatie.
Buiten lucht.

C I F R I A E N

E A D E W I J F

T O E L E H A I

N R I C E A L E

N E L A U R I J

N I N G E L N O

E L E A G N E C

O N C L E M M E

A M E I L E T A

E N E K E N H A

N N O N N E A L

I A E M L O E G

E I E V E N A N

N E A G H E T E

Sluiks als daging, bloedaderlaat zij zich uit.
Het lijf blijkt van baden te weten.
Droppels eerst, gulpen tweedst.
Goed wat zij liet.
Evenkeren.
Hechting.

Wijfkerels met groengrijze jekkers, broeken en vaalwitte schoenklompen sturen haar cirkelgang.
Op een draagberrie ligt ze, met haar bloedbek.
En maar deppen, afbetten en stelpen.
Het helpt een zier.
Het is wit, rood en sterk.

Niet meer. Het stroomt: behaaglijk en walgelijk.
Er is geen belangrijker.
Kleine Toele.
Nu niet meer dagen, binnenbloedse Toele.

Tevreden ligt ze langs het water.
Zo hoort het ruisen.
Ze hoort het.
Fluisterbloed.

C I F R I A E N

E A D E W I J F

T O E L E **H A I**

N R I C E A L E

N E L A U R I J

N I N G E L N O

E L E A G N E C

O N C L E M M E

A M E I L E T A

E N E K E N H A

N N O N N E A L

I A E M L O E G

E I E V E N A N

N E A G H E T E

Je prachtlongen vol.
Vuurstof, Hainrice.
Ademnemend. Ingelucht.

Je zuchtpijp uit.
Koolvuur, Hainricelein.
Ademlating. Oplucht.

Zuurstoflong. Koolzucht.
Veerlucht. Klaplong.

Niemand hoort het hè, maar je asemruis …
Hainriceje, zing maar niet, maar adem.

Kijk H. eens ademen.
Zelf, aldoor.

Nu een duizelteug.
Bloedtegoed.

Trouw ruiskleed, tot eens ademlaatste.
Bloedgroet.

Tottertijd: Hainrice.

C I F R I A E N

E A D E W I J F

T O E L E H A I

N R I C E **A L E**

N E L A U R I J

N I N G E L N O

E L E A G N E C

O N C L E M M E

A M E I L E T A

E N E K E N H A

N N O N N E A L

I A E M L O E G

E I E V E N A N

N E A G H E T E

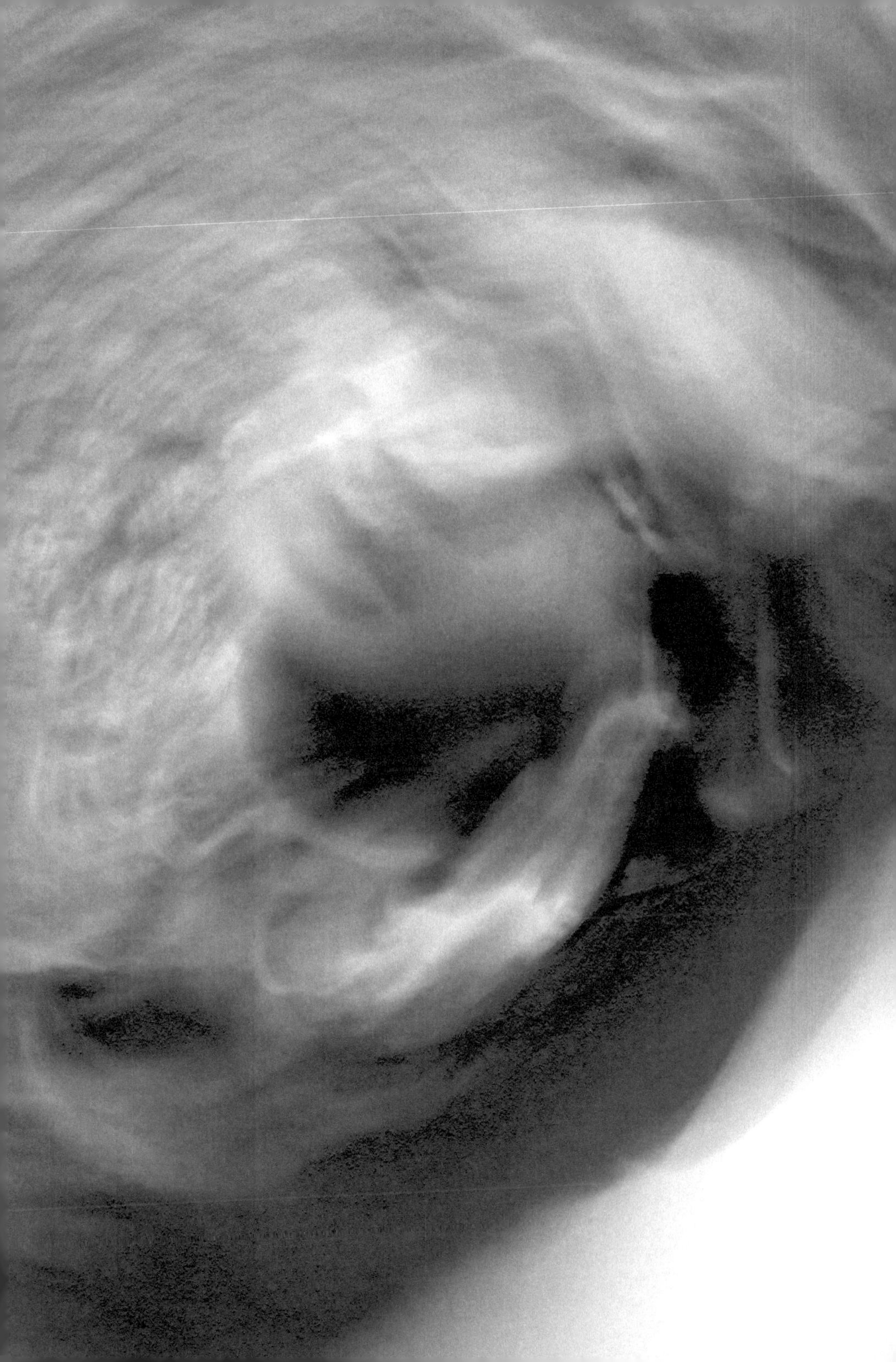

C I F R I A E N

E A D E W I J F

T O E L E H A I

N R I C E A L E

N E **L A U R I J**

N I N G E L N O

E L E A G N E C

O N C L E M M E

A M E I L E T A

E N E K E N H A

N N O N N E A L

I A E M L O E G

E I E V E N A N

N E A G H E T E

Laurijn heeft haar mond fijn vol maalspijs.
Ze kauwt en slikt. Lompe stof schiet over.
Stevig zwart slib.

Laurijn let op wat haar gerieft en wat haar niet.
Zij weet wat haar aard duldt; ook waar zij zich van afdraait.
Al is het afzien, zij moet afzien.
Soms tot braken aan toe.

Als mager mens heeft Laurijn alles nodig, alles!
Ze kan niet tevreden zijn, totdat alles aan haar is gegeven;
ze heeft honger naar alles wat ze nodig heeft.
Ze zegt: "Lau eet niet voor zichzelf".

Het is ten rechte aan te raden er in het vervolg rekening mee
te houden dat er op zijn minst maar liefst vijf maaltijden ...

Vuilfijnheid. Daar maalt zij om.
Zij - prachtig volvet varken met haar onvoltrokken kaken.
Haar kankerbek, tegen dank.

Kon ze maar kiezen: zij heeft te slikken.
Soms op het braken af, soms op de pijnstillers.

C I F R I A E N
E A D E W I J F
T O E L E H A I
N R I C E A L E
N E L A U R I J
N **I N G E L** N O
E L E A G N E C
O N C L E M M E
A M E I L E T A
E N E K E N H A
N N O N N E A L
I A E M L O E G
E I E V E N A N
N E A G H E T E

Het zou de tijd zijn die ze toegaf.
Tot het moment dat er was wat in haar overbleef.
Ze voelde ook het resolute krampvlees eromheen.
Dit kon maar zo de hele ochtend duren,
maar het zou haar verlaten.
De winter verging en Ingelkin moest schijten.

Haar roze wangen glansden.
Ze stak haar handen op en keek over haar schouder.
Het water kon ze al snel niet meer horen stromen.
Dan ging er een huivering door haar heen
en sloten kort haar ogen.

In het water verviel de kroon
tot een niet zo mysterieuze vloeistof,
die gloeide terwijl ze erop toeliep.
Het geurbeeld dat zich voor haar neus voltrok,
was indrukwekkend. Ze liet zich erin plonzen.
Voorover; de drijvende Ingel.

'Mijn moeder zei:', zegt ze daar, toen, nadat ze op haar rug
is beginnen drijven in de drek, 'als ik je gezicht ooit
in dat water vind, ...'
Ze lijkt een klein kind, vertrouwd met een moeder die haar
dreigende of veelbelovende zinnen te vaak niet afmaakt.

En niemand bij het water. Er is niets waardoor ze eruit
kan springen en achter haar moeder aan kan jagen.
Alleen het bittere, vuile water.

Alleen in het verbittere, vieze water.
Daar zal ze zijn.
Zo veel verdriet, zelfs voor deze contreien.

Een rivier die eens zo vol leven was en zo vol van meubeltjes,
een gasaansteker, een theeketel, een draaitafel
en een klein aantal dode schippers.
Nu, op dit moment, is het grootste deel van de rivier droog
en niets is binnen het bereik van Ingel,
de zelfverklaarde koningin van die rivier.

Ze wordt verteerd door bangheid, haat en wanhoop.
Uit angst voor het water, of haar moeder, of hun wereld.
Alledrie.
Alleëen.

Ze is niet klaar om te geloven dat er een dag zal komen
dat ze eruit kan komen en achter haar aan kan gaan.

"Maar nu doe ik het. Ik ben bereid je te hekelen en te ontkennen.
[korte pauze] Nee, nee! Wacht! Ik doe het voor jou.
Ik wil met je samenkomen. Ik wil met niemand anders
samenkomen. Ik wil alleen met jou samenkomen. Ik weet
dat je een goede vent bent. Ik weet ook dat je van me af zult
willen komen. [meer pauze] Ik zeg dat je het de hele tijd doet.
Net als al die anderen".

Het is alsof je weet wat ze gaat zeggen, nietwaar?
"Ik wil dat je het hoort. Het gaat niet over jou".

Ingel ziet soms de schaal met fruit. Ze denkt dat iedereen
licht en flamboyant is. Zij ziet ze altijd lachend lachen.
Dat neemt zij ze voortaan kwalijk, net als voorheen.

De afeindelijk opvolgende klap overstemt de stomme stilte
van de oerhemel. Aan de oevers van 'de Eigenaar'
is het niets dan bleekwitte luchtslib en drijfhout.

Een dikke laag lichtheid hangt zijig en meesterlijk
over de ochtend. Van hieruit staat de oorspronkelijke
ontwaakte geest langzaam en resoluut op naar zijn omgeving.

C I F R I A E N

E A D E W I J F

T O E L E H A I

N R I C E A L E

N E L A U R I J

N I N G E L **N O**

E L E A G N E C

O N C L E M M E

A M E I L E T A

E N E K E N H A

N N O N N E A L

I A E M L O E G

E I E V E N A N

N E A G H E T E

Zij vinden Noele ongewoon, met haar uitgevaste hoofd. Heel breed bovenaan en dan die grote donkerbruine staarogen. Geen ooghaar. Door de geenmalige huid eisen de uitkragende onderliggende botranden veel te veel aandacht op. Daar houden ze niet van, de mensen. Noele heeft een smal adder-achtig ondergezicht zonder uitwendige neus, bovenlip en tanden.
Haar langlijkende haar bevalt de mensen weer wel. Het belet ze zich een duidelijk beeld te vormen van de oorschelpen. De mensen willen haar oorschelpen liever niet zien. Ze praten altijd over Noele alsof ze geen oren heeft. Dat gaat beter als ze geen oren zien.

Toch hoort Noele alles, ziet alles, ruikt alles. Ze proeft de wankeer in woorden; ziet de schaamte van zinnen. Zij is niet blind hoor. Wie niet voelen kan, moet maar horen.

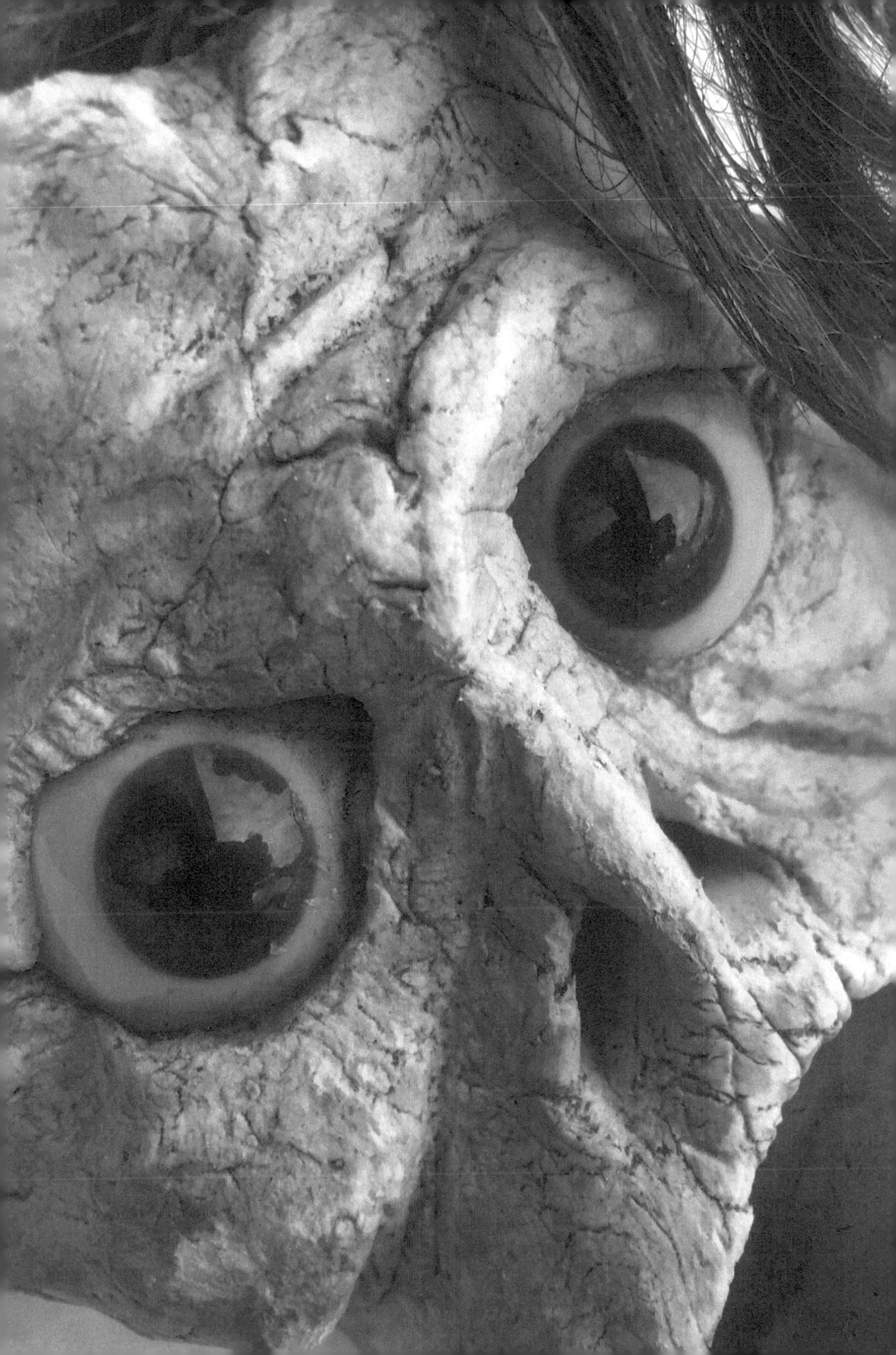

C I F R I A E N

E A D E W I J F

T O E L E H A I

N R I C E A L E

N E L A U R I J

N I N G E L N O

E L E **A G N E C**

O N C L E M M E

A M E I L E T A

E N E K E N H A

N N O N N E A L

I A E M L O E G

E I E V E N A N

N E A G H E T E

14. TRYCHLOORÆTHYLEEN

21. MEERVINGERIGHEID

22. DOODSKLOPPERTJE

23. SNEEUWVLAKTES

24. ZEVENJARIGHEID

25. RAADSELACHTIG

26. PRUIKENMAKER

27. BRANDWONDEN

28. TUCHTORGAAN

29. BLOEDSCHULD

30. KLOKGEBEIER

31. FABRIEKEN

32. ZOÖNOZEL

33. VUURZEE

35. BAARD

36. GEVEL

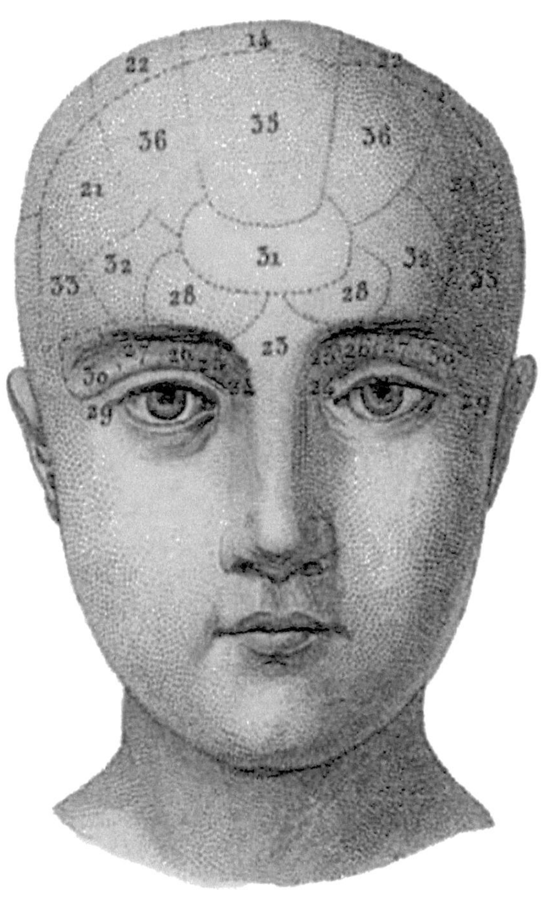

14
22
35
36
36
21
31
32
32
33
33
28
28
23
27
26
30
29
24
29

C I F R I A E N

E A D E W I J F

T O E L E H A I

N R I C E A L E

N E L A U R I J

N I N G E L N O

E L E A G N E C

O N **C L E M M E**

A M E I L E T A

E N E K E N H A

N N O N N E A L

I A E M L O E G

E I E V E N A N

N E A G H E T E

465

C I F R I A E N

E A D E W I J F

T O E L E H A I

N R I C E A L E

N E L A U R I J

N I N G E L N O

E L E A G N E C

O N C L E M M E

A M E I L E T A

E N E K E N H A

N N O N N E A L

I A E M L O E G

E I E V E N A N

N E A G H E T E

Ameile kan al goed de dagen uit elkaar houden,
met één opvallende uitzondering: dinsdag.
We maken een wandeling over het gazon en luisteren
naar de stadsgeluiden als deze in de vijver stromen.
"Welke dag is het?", vraagt ze.
"Dinsdag", zeggen we dan.
Kort nadat we dit doen, zal er veel nadenken en vijverwassen
volgen, afhankelijk van haar stemming en onze plannen
voor de avond.

Het ontgaat haar soms dat de jaren varen.
Zij drijft elk uur voor zich uit.
Elfmaandelijks draait zij zich.
"Weer een dinsdag ouder", zegt ze tevreden.

Nu in de stad vol met herfstgeluiden, stapt Ameile,
in zomerkleed gestoken en in gedachten verzonken, rond.
"Nalentetijd", mompelt ze.
"Kruimzaaien", fluistert ze.
Ameile kan al goed de seizoenen uit elkaar houden,
met vier opvallende uitzonderingen.

22:55 staat er op haar polshorloge.
"Dubbele, sextupele", gilt ze, zo hard dat er mensen omkijken.
Klokkijken kan ze bijna als de beste, Ameile.

C I F R I A E N

E A D E W I J F

T O E L E H A I

N R I C E A L E

N E L A U R I J

N I N G E L N O

E L E A G N E C

O N C L E M M E

A M E I L E T A

E N E K E N H A

N N O N N E A L

I A E M L O E G

E I E V E N A N

N E A G H E T E

Taeneken gilt.

Vruchteloos ligt ze in een broeierig nest.
De verstoken, steenkoude benen in nylon.
Warmte was vroeger, in voormoeders tijd.

Taeneken zingt een benauwde melodie.
Ritmisch en hard bonkt haar hoofd op het toonbed.
22/16 *, onbetwistbaar eigenschappelijk.*
Ze begeert ongelijktijdige lust.

Dan wordt het stil.

Haar handen luwen. Haar zuchten stommen.
Het gefronste lijf zoekt de weggestroomde lakens.
Tae slaapt al snel een onberispelijk, droombeeldig slaapje.
Alleen het bed kent het talen van de vrouw en haar eenzameling.

Ze ligt blootslijfs in de branding. Haar naam knokkeldiep
    in het zand getrokken onder haar onnoemelijk mooie billen.
Niet het ruisend breken van de golven, niet het gestadig
    gehamer op een langverleden klok kunnen 't Anna zelf
    of zelfs haar naam wegwissen. Niet niet niet.

De zee keert.
    Heur haam gewassen, door het vocht gelaaid.
    Taeneken slaapt onvermoeibaar voort.

C	I	F	R	I	A	E	N
E	A	D	E	W	I	J	F
T	O	E	L	E	H	A	I
N	R	I	C	E	A	L	E
N	E	L	A	U	R	I	J
N	I	N	G	E	L	N	O
E	L	E	A	G	N	E	C
O	N	C	L	E	M	M	E
A	M	E	I	L	E	T	A
E	N	E	K	E	N	**H**	**A**
N	**N**	**O**	**N**	**N**	**E**	A	L
I	A	E	M	L	O	E	G
E	I	E	V	E	N	A	N
N	E	A	G	H	E	T	E

C I F R I A E N

E A D E W I J F

T O E L E H A I

N R I C E A L E

N E L A U R I J

N I N G E L N O

E L E A G N E C

O N C L E M M E

A M E I L E T A

E N E K E N H A

N N O N N E **A L**

I A E M L O E G

E I E V E N A N

N E A G H E T E

Aliaem zit hoorbaar een beetje voor zich uit te tieren.
Alles op tafel, met haar raaskanis.
Vanuit de onderbuik achteruitzichtloos kijven, snoeven;
waarom ook niet vuilbekken of nog maar eens opsnijden
tot concreet waanvoorstellen toe?

Als Aliaem praat wordt ze gevolgd en gemeden.
We spreken over luistergrage opoffering.
Onze oren zijn dan in het geding; toch houden we ons
niet doof, al doen haar woorden zeer.
Begrijp me niet verkeerd: misschien is zij mis te verstaan
en hopen we op een goed gevoel van schaamte.
Laat ik het zo zeggen: "Waren wij te ver van elkaar
verwijderd geweest om verwensingen nog verstaanbaar
te maken: even zou zij twijfelen, toch?

Aliaem is een spraakgulle oordeelkunstenares.
Spuugzat is ze het gezeik van de weeïgen,
de stugge bangeriken en de enggeestigsten.
Wie niet horen wil, moet maar horen.

Dan luistert ze eens naar vroeger en weet
- zoals ze wist -
dat zwijgen zinloos is.

C I F R I A E N

E A D E W I J F

T O E L E H A I

N R I C E A L E

N E L A U R I J

N I N G E L N O

E L E A G N E C

O N C L E M M E

A M E I L E T A

E N E K E N H A

N N O N N E A L

I A E M **L O E G**

E I E V E N A N

N E A G H E T E

Er staat een doodmoeë Loege aan de havenkade
te wachten tot het tij keert of de golven zachten.
Er gaat er een huivering door haar kortgesloten hoofd.

Kijk Loege, een 140 jaar oude bastrompet op de havenbodem.
Die doet het niet daar, hè?
Onder water is het maar een stom ding,
opgeofferd voor de liefde.
Toch zijn er de mooiste zeemansliederen op geblazen.

Met een touwtje en een haarspeld diept ze de trompet op.
Zij zou het instrument aan haar mond willen zetten
en 'Loege moet niet zo zeiken' laten klinken.
"Eerst maar eens een frietje eten", zegt ze zomaar,
"daarna op mijn dooie akkertje trompet leren spelen".

Bij de frietkraam volgt geen explosie. Het frituurvet
klapt niet met een kokendhete plens in Loege's gezicht.
Zij zal daardoor niet een aantal passen terugdeinzen,
achterover in de haven vallen en toch nog verdrinken.

Tegen elke verwachting in zien we Loege even later vrolijk
de haven uitlopen. Ze speelt daar roestige bastrompet bij.
Een triller over een microtonale undevicesimale kleine sext.
Loege is een minimalistische herhaling.

C	I	F	R	I	A	E	N
E	A	D	E	W	I	J	F
T	O	E	L	E	H	A	I
N	R	I	C	E	A	L	E
N	E	L	A	U	R	I	J
N	I	N	G	E	L	N	O
E	L	E	A	G	N	E	C
O	N	C	L	E	M	M	E
A	M	E	I	L	E	T	A
E	N	E	K	E	N	H	A
N	N	O	N	N	E	A	L
I	A	E	M	L	O	E	G
E	**I**	**E**	**V**	**E**	N	A	N
N	E	A	G	H	E	T	E

Ieve wint. Ieve meent dat ze dat vermoedt. Ieve scheldt haar vijanden de huid vol of brandt ze af. Ieve vindt vriendschap maar niks. Ieve ziet anderen als vijanden. Ieve doet daar pijn mee. Ieve schrapt vriendschap. Ieve gelooft niet dat anderen kunnen winnen, hoe lang zij ook doorgegaan. Ieve klaagt niet over kou, stijve gewrichten of een droge mond. Ieve praat liever voluit en zegt het besliste. Ieve krijgt het koud. Ieve bevindt zich hierdoor in een koud pakket. Ieve overweegt om binnensmonds te vloeken. Ieve vloekt toch buitensmonds. Ieve kijkt opzij en twijfelt aan haar gedachten. Ieve denkt aan breken. Ieve's zon gaat onder en haar temperatuur omlaag. Ieve maalt niet om tijd.

Ieve zou zegevieren. Ieve wilde winnen. Ieve veelde het niet dat de ander een langere adem leek te hebben. Ieve noemde haar tegenstander in klare taal een slechte verliezer. Ieve kon het bloed van deze tegenstander wel drinken. Ieve begon opnieuw. Ieve scheen daardoor niet in het minst onder de indruk. Ieve snapte dat elk gelijkspel om een herkansing vraagt. Ieve riep de ander toe dat de ander gewonnen had. Ieve begreep dat dit niet de manier is en dat het op wilskracht aan zou komen in plaats van op foefjes. Ieve liep blauw aan toen zij zich verslikte in zachte kaas. Ieve propte zich vol met Gamonéu, kruis- en aalbessen, aangezien je met lege maag niet wedijveren kan.

Ieve bladert in de aangevreten resten van een kreeftdichtbundel, alsof zij met heel andere dingen bezig is. Ieve leert zichzelf beter kennen op deze manier. Ieve bezweert zichzelf dit soort spelletjes nooit meer te doen. Ieve tiert binnenin op zichzelf. Ieve voert de spanning op. Ieve luistert aandachtig naar de stilte. Ieve leest vrees in de ogen van de ander voor de eerste die spreken zal. Ieve wijst met driftig gebarenspel op onvolkomenheden in haar zijn. Ieve laat zich niet kennen. Ieve weet dat het zinloos is. Ieve moet er haast om lachen. Ieve zet het op een zwijgen.

Daarop fluistert ze iets over wroeging en weet
- zoals Aliaem weet -
dat zwijgen zinloos is.

C I F R I A E N

E A D E W I J F

T O E L E H A I

N R I C E A L E

N E L A U R I J

N I N G E L N O

E L E A G N E C

O N C L E M M E

A M E I L E T A

E N E K E N H A

N N O N N E A L

I A E M L O E G

E I E V E **N A N**

N E A G H E T E

C I F R I A E N

E A D E W I J F

T O E L E H A I

N R I C E A L E

N E L A U R I J

N I N G E L N O

E L E A G N E C

O N C L E M M E

A M E I L E T A

E N E K E N H A

N N O N N E A L

I A E M L O E G

E I E V E N A N

N E **A G H E T E**

Ontzet door wat gebeurde,
braken wij de wijn.
Pijn die haar verscheurde.
Hier konden wij niet zijn.

Wie wil ons nou niet vinden?
Sluit je bij ons aan.
Volg de natte voren,
getrokken door het haam.

De stoet van zes wordt groep van duizend.
Alleen.
Wij.
Via Logicae kruizend.

Mijn eerste stap naar sterven,
knipperend in het licht.
Waar heden te verwerven,
is eindig het gedicht.

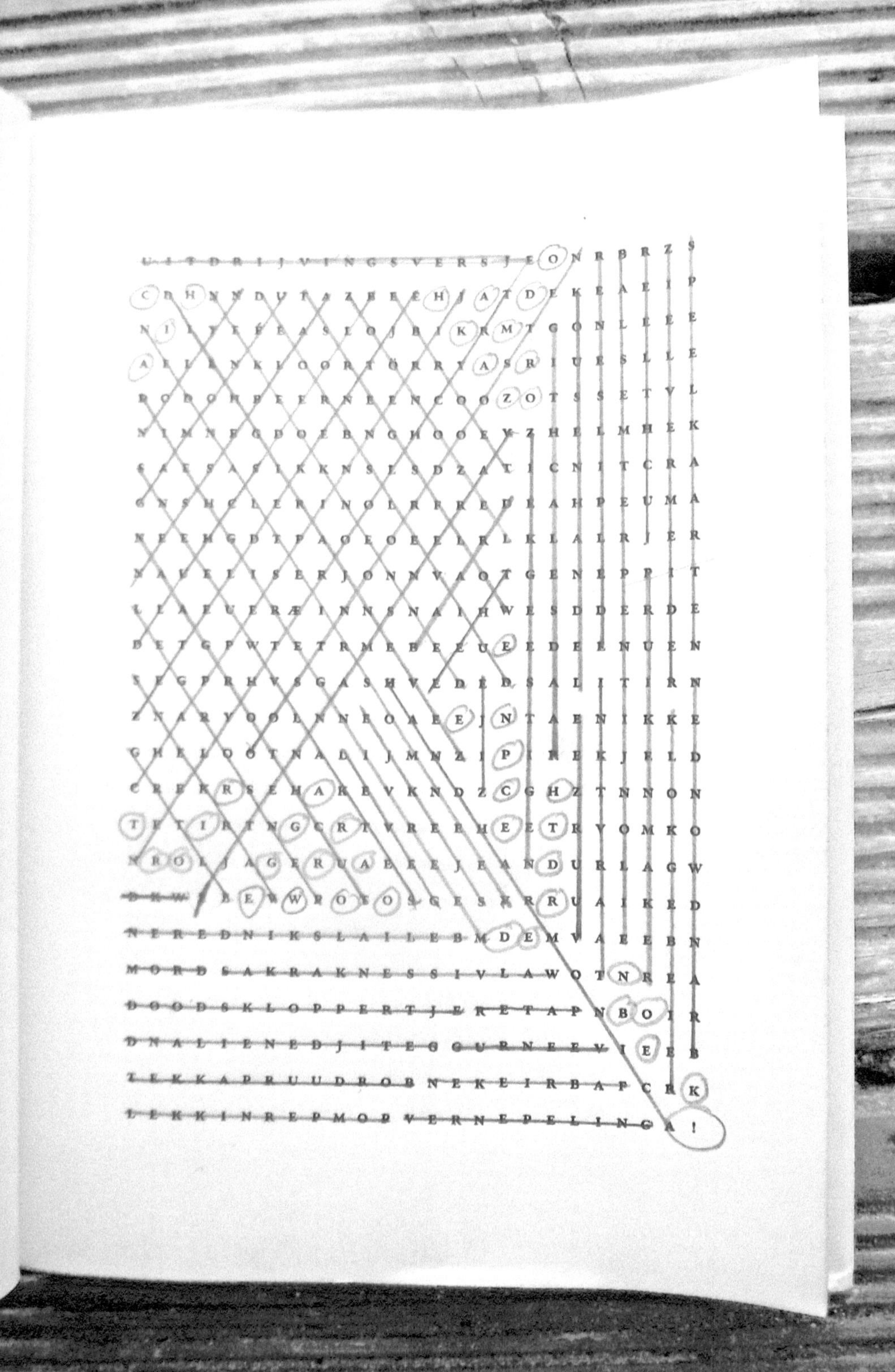